权威·前沿·原创

皮书系列为
"十二五""十三五"国家重点图书出版规划项目

BLUE BOOK

智库成果出版与传播平台

就业蓝皮书

BLUE BOOK OF EMPLOYMENT

2020 年
中国高职生就业报告

CHINESE 3-YEAR VOCATIONAL COLLEGE GRADUATES' EMPLOYMENT ANNUAL REPORT (2020)

麦可思研究院

王伯庆／主　编

马　妍／副主编

社会科学文献出版社

SOCIAL SCIENCES ACADEMIC PRESS（CHINA）

图书在版编目（CIP）数据

2020 年中国高职生就业报告 / 王伯庆主编. －－北京：
社会科学文献出版社，2020.7
（就业蓝皮书）
ISBN 978 - 7 - 5201 - 6757 - 4

Ⅰ. ①2… Ⅱ. ①王… Ⅲ. ①高等职业教育 - 毕业生
- 就业 - 研究报告 - 中国 - 2020 Ⅳ. ①G717. 38

中国版本图书馆 CIP 数据核字（2020）第 099767 号

就业蓝皮书
2020 年中国高职生就业报告

主 编 / 王伯庆
副 主 编 / 马 妍

出 版 人 / 谢寿光
组稿编辑 / 邓泳红 桂 芳
责任编辑 / 桂 芳

出 版 / 社会科学文献出版社·皮书出版分社（010）59367127
地址：北京市北三环中路甲 29 号院华龙大厦 邮编：100029
网址：www. ssap. com. cn
发 行 / 市场营销中心（010）59367081 59367083
印 装 / 三河市东方印刷有限公司

规 格 / 开 本：787mm × 1092mm 1/16
印 张：14. 25 字 数：214 千字
版 次 / 2020 年 7 月第 1 版 2020 年 7 月第 1 次印刷
书 号 / ISBN 978 - 7 - 5201 - 6757 - 4
定 价 / 128. 00 元

就业蓝皮书编辑委员会

本报告研究团队　麦可思研究院

　　　　　　　　　厦门大学——麦可思中国高等教育数据中心

　　　　　　　　　南方科技大学高等教育研究中心

主　　编　王伯庆　马　妍

撰　　稿　王梦萍　王　丽　王昕伦　曹　晨　纪红军

　　　　　　焦　雅　李雪银　汤佳妮

摘　要

《2020 年中国高职生就业报告》由 1 篇总报告、8 篇分报告、4 篇专题报告等组成，对高职生毕业去向、就业结构、就业收入、就业质量、职业发展、升本情况、自主创业、对学校的满意度等状况进行深入分析。分析基于应届毕业生和毕业中期跟踪评价。

总报告主要阐述高职毕业生就业发展趋势与成效。例如，在就业的产业上，教育、文体娱乐、公共管理等服务性产业需求增长。在从事的职业上，以互联网开发、新媒体运营、电子竞技为代表的新兴职业需求增长。

分报告反映了应届高职生毕业半年后的就业情况，同时也反映了高职毕业生在职场的发展情况。例如，应届高职毕业生毕业半年后就业率近五年整体稳定在 92% 左右。高等职业教育回报在毕业中期更为明显，工作五年的薪资是毕业半年的 2.4 倍。

专题报告主要从高职贫困家庭毕业生的脱贫成效、医学专业毕业生从医情况、"双高"专业群基线分析、师范类专业建设四个角度展开分析，为高等职业教育扶贫、专业及专业群建设提供参考。

关键词：高职生　就业情况　职业发展　脱贫成效　专业建设

Abstract

The Report on *Chinese 3 – Year Vocational College Graduates' Employment* (*2020*) consists of one general report, eight sub-reports, four thematic reports and one technical report. These reports cover a wild range of topics including graduates' employment status, employment characteristics, employment quality, and career development, continuing education, entrepreneurship, as well as graduates' satisfaction and feedback to education programs. The report is based on graduates' surveys 6 months and 3 ~ 5 years after graduation.

The general report analyzes the employment situation and development of Chinese 3 – year vocational college graduates. From the industry characteristics of graduates' employment, it is found that the demand of service industries including education, sports and entertainment, public affairs has increased. In terms of occupation, the demand of new occupations represented by Internet development, new media operation and electronic sports has increased.

The sub-reports reflect the employment situation of graduates 6 months after graduation, as well as the career development after graduation. For example, the employment rate remains steady around 92% during the last five years. The return on higher education is obvious 5 years after graduation and monthly income is 2. 4 times of that after 6 months.

The thematic reports mainly analyze the employment situation of graduates from poverty-stricken families, medical graduates' career situation, the construction of normal majors, and education quality of specialty groups chosen by "Double High-Quality Plan", providing references for education poverty alleviation and major construction.

Keywords: Chinese 3 – Year Vocational College Graduates; Employment Situation; Career Development; Poverty Alleviation; Major Construction

目 录

I 总报告

II 分报告

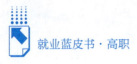
Ⅲ 专题报告

Ⅳ 附 录

皮书数据库阅读**使用指南**

CONTENTS

I General Report

II Sub-reports

III Thematic Reports

Ⅳ   Appendix

图表目录

Ⅱ 分报告

‖　专题报告

Ⅳ　附　录

总 报 告

General Report

B.1

高职毕业生就业发展趋势与成效

摘　要：　2020 年是全面建成小康社会和"十三五"规划的收官之年，是实现第一个百年奋斗目标的决胜之年，也是脱贫攻坚战的达标之年。站在这样一个时间节点，来分析高职毕业生就业发展趋势与成效，更具有一个阶段的承前启后意义。通过分析发现，应届高职毕业生的就业率整体稳定，近五年在 92%左右；高等职业教育对实现脱贫攻坚的作用明显，贫困地区农村家庭高职毕业生脱贫效果显著，其收入阻断了贫穷代际传递，帮助了家庭脱贫，通过当地就业反哺家乡发展；随着产业转型升级的深入，社会经济结构不断优化，教育辅导、幼儿与学前教育、文体娱乐、公共管理、信息技术等领域为毕业生就业与发展提供了更多选择；在当前社会对高素质医护人员、幼儿与小学教师以及其他各类高水平技术技能人才具有迫切需求的情况下，相关专业需基于相应的专业建设标准持续完善人才培养环节，从而为相关领域的发展提供更为

有力的支撑。

关键词： 高职生 就业情况 教育回报 行业需求 人才培养

麦可思自 2007 年开始进行大学毕业生跟踪评价，并从 2009 年开始根据评价结果每年发布就业蓝皮书，迄今已连续 12 年出版就业蓝皮书。本报告基于应届毕业生、毕业三年后的跟踪评价数据，分析高职毕业生的就业发展趋势与成效，回应政府、媒体、高职院校师生以及社会大众关注的问题，并为高职人才培养的持续改进提供参考建议。

一 应届高职毕业生的就业整体保持稳定

在高校毕业生规模逐年扩大、经济增速放缓的情况下，应届高职毕业生的就业率[①]依然整体保持稳定。数据显示，2019 届[②]高职毕业生毕业半年后的就业率为 91.9%，与 2015 届（91.6%）基本持平，近五年趋于平稳。从不同院校类型来看，"双高"院校就业率（2019 届 94.0%）整体高于其他高职院校（2019 届 91.4%），这也反映出就业市场对高素质技术技能型人才的需求较大。高职毕业生的去向分布呈现以下特点。

（一）毕业生以直接就业为主，同时升本比例持续上升

高职毕业生在毕业后以直接就业（包括受雇工作、自主创业）为主，

---

① 高职毕业生的就业率 = 已就业高职毕业生数/高职毕业生总数。其中已就业人群包括"受雇工作""自主创业""入伍""读本科"四类。需要说明的是，自 2020 年开始本报告的就业率统计均包含升学人群，在本年度展示的往届就业率也重新将升学人群纳入统计。

② 解读中提到的往届数据，均出自相应年份的"就业蓝皮书"，其中 2015～2018 届毕业半年后全国高职毕业生样本量分别约为 12.7 万、14.2 万、15.0 万、15.1 万；2014 届、2015 届毕业三年后全国高职毕业生样本量分别约为 4.3 万、3.6 万。

近五年来毕业生直接就业的比例均超过八成。与此同时，升本对毕业生的分流作用持续扩大，越来越多的毕业生选择在毕业后读本科。数据显示，毕业生读本科的比例从2015届的4.7%上升到了2019届的7.6%；其中"双高"院校毕业生读本比例上升更为明显，2019届（9.9%）相比2015届（5.0%）翻了近一倍。2020年2月教育部出台了专升本扩招政策，未来高职毕业生读本比例有望进一步提升，这将为毕业生更高质量的就业与发展奠定基础。

（二）毕业生待就业比例保持稳定，就业困难非待就业主因

应届高职毕业生待就业的比例整体稳定，近五年保持在8%左右。其中"双高"院校毕业生待就业比例较低，近五年整体稳定在6%左右；其他高职院校平均保持在8.4%左右。从待就业人群的构成来看，毕业生大多在积极求职（2019届58%），这些积极求职的毕业生有六成以上（2019届66%）收到过录用通知，未接受录用主要是出于薪资福利以及个人发展空间等方面的考虑；除了正在求职的人外，2019届待就业的毕业生中还有两成以上（24%）正在准备公务员考试、创业、升学、职业资格考试或参加职业技能培训，均有较为明确的个人规划与打算。由此可见，择业而非就业困难是待就业群体待业的主要原因。

二 产业转型升级带动了教育、文体娱乐、公共管理及信息技术领域人才需求增长

当前产业转型升级虽面临着诸多压力和挑战，但同时也带来了全新的机遇。随着产业转型升级的深入，社会经济结构不断优化，第三产业在经济结构中的比重稳步提升①，教育、文体娱乐、公共管理等现代服务业不断发

---

① 根据近五年的《中华人民共和国国民经济和社会发展统计公报》，第三产业增加值占国内生产总值的比重从2015年的50.8%上升到了2019年的53.9%。

展，为毕业生就业与发展提供了更多选择。数据显示，应届高职毕业生在教育业就业的比例从 2015 届的 5.6% 上升到了 2019 届的 7.8%，其中教育辅导、幼儿与学前教育领域是其主要的需求增长点；在文化、体育和娱乐业就业的比例从 2015 届的 2.3% 上升到了 2019 届的 3.1%，其增长主要来自休闲娱乐、体育竞赛表演等领域；在政府及公共管理机构就业的比例从 2015 届的 2.4% 上升到了 2019 届的 3.2%，其中大多数（2019 届 79%）服务于地级及以下城市的基层行政机关、社会保障和基层群众自治组织。

除了上述与个人消费及公共服务相关的领域外，随着 ICT（信息与通信技术）的不断成熟、发展与应用，人工智能、5G、大数据等与生产服务相关的领域也在快速发展，在推进产业转型升级的同时，也带动了相关领域用人需求的增长。

（一）信息传输、软件和信息技术服务业需求增长，毕业生就业与发展态势良好

随着当前数字经济的快速发展，互联网、大数据、云计算、人工智能等技术的应用越来越广，这也促使信息传输、软件和信息技术服务业对毕业生的需求上升。数据显示，应届高职毕业生在信息传输、软件和信息技术服务业就业的比例较高（2019 届排第 5 位），且整体呈现上升趋势，从 2015 届的 5.4% 上升到了 2019 届的 5.8%。该领域的薪资水平较高，且增长潜力较大，2019 年应届高职毕业生月收入为 4996 元，仅次于运输业（5458 元）排第 2 位；工作三年的月收入（2016 届 7865 元）反超至第 1 位，相比自身应届毕业时月收入（2016 届 4076 元）的涨幅（93%）较大。此外，毕业生在该领域的晋升情况较好，工作三年（2016 届）获得职位晋升的比例为 65%，高于全国高职毕业生平均水平（61%）。

（二）信息技术与制造业的深度融合催生了制造相关领域新兴岗位的用人需求

随着产业转型升级的推进，信息技术与制造业的融合持续深入，新技

术、新工艺在传统制造业中的运用越来越广，此外《中国制造 2025》着力发展和突破新一代信息技术产业、高档数控机床和机器人等重点领域，在带动部分制造领域需求回升的同时，也催生了新兴岗位的用人需求。数据显示，在高职毕业生制造业就业比例整体依然呈下降趋势（从 2015 届的 23.4% 下降到了 2019 届的 20.9%）的情况下，机械设备制造业、通信设备制造业的需求已开始回升，2019 届就业比例（分别为 3.1%、0.8%）均高于 2018 届（分别为 2.9%、0.6%）；在上述领域就业毕业生的岗位构成以机械/仪器仪表技术人员和电气/电子技术人员为主（四成以上），其中包含了物联网工程技术人员、工业机器人系统操作人员等新兴岗位，其对应的主要专业（分别为物联网应用技术、工业机器人技术）毕业生就业率（2019 届分别为 95.0%、93.8%）、月收入（2019 届分别为 4702 元、4592 元）均较高，可见相关领域和岗位对这类技术技能人才的需求较大。当然，目前高职毕业生从事这类岗位的比例（2019 届 0.2%）整体仍较低，一定程度上反映出这类新兴技术技能人才的缺口仍较大，需要持续关注其培养效果。

三　高等职业教育对贫困地区农村家庭毕业生脱贫效果显著

2020 年是国家脱贫攻坚的决战决胜之年。在脱贫攻坚的过程中，高等职业教育发挥着重要作用，确保了贫困地区农村生源①受教育机会，助力其实现更高质量的就业，也为贫困地区社会和经济发展提供了技术技能人才支撑。

---

① **贫困地区**：国务院扶贫开发领导小组办公室公布的集中连片特困地区和片区外的国家扶贫开发工作重点县（共 832 个县）。
贫困地区农村生源：指来自贫困地区农民与农民工家庭的毕业生。
其他生源：指除贫困地区农民与农民工家庭以外的所有毕业生。

（一）"家门口读书"的高职为贫困地区农村生源提供了更多的教育机会

具体来看，高职院校吸纳了较多的贫困地区农村生源，较好地保障了贫困地区农村生源接受高等教育的机会。数据显示，高职院校 2017～2019 届毕业生中贫困地区农村生源的占比合计为 9.9%，高于地方本科院校（9.5%）和"双一流"院校（6.1%）。与此同时，贫困地区农村生源对所受高职教育的满意度持续走高，近五届毕业生对母校的满意度从 2015 届的89% 上升到了 2019 届的 92%，整体高于其他生源毕业生（87%～91%），较高的就学满意度能让更多的贫困家庭孩子有动力接受高职教育，形成高职教育扶贫的良性循环。

（二）贫困地区农村家庭毕业生收入高、实现"一人读书、全家脱贫"

数据显示，2019 年贫困地区农村家庭高职毕业生的应届月收入为 4125元，分别是当年贫困地区农村居民月均收入（964 元）、全国农民工月均收入（3962 元）[①] 的 4.3 倍、1.04 倍；随着工作时间的推移，收入上的优势将进一步扩大，贫困地区农村家庭高职毕业生工作三年时的月收入（2016届）为 6199 元，工作五年的月收入（2014 届）为 7477 元，分别是贫困地区农村居民月均收入的 6.4 倍、7.8 倍，分别是全国农民工月均收入的 1.6倍、1.9 倍，高职教育脱贫效果显著。

[①] 全国农民工月均收入数据来源于国家统计局相应年份的《中华人民共和国国民经济和社会发展统计公报》；贫困地区农村居民月均收入数据来源于国家统计局住户调查办公室编写的《中国农村贫困监测报告》、国家统计局相应年份的《中华人民共和国国民经济和社会发展统计公报》。

（三）贫困地区的农村家庭高职毕业生在家乡的就业比例高，是人才吸引力弱的贫困地区不可替代的人才供应生命线

数据显示，贫困地区农村家庭高职毕业生在贫困地区就业的比例从2015届的17.9%上升到了2019届的21.1%，是其他生源毕业生在贫困地区就业比例（2.7%～3.5%）的约6～7倍，充分体现了高职服务本地社会经济发展的人才"留得住"特点。毕业生对家乡人才支撑较为集中的领域主要为医疗（2019届24.4%）和教育（2019届17.9%），并且该比例出现快速上升趋势。其中在医疗领域就业的比例较2015届（19.7%）上升了4.7个百分点，从业者中近三成去了社区门诊、乡村卫生院和疾病预防控制中心等基层医疗及公共卫生服务机构，这对于贫困地区公共卫生系统的建设至关重要；在教育领域就业的比例较2015届（10.7%）上升了7.2个百分点，且从业者主要集中在贫困地区较为薄弱的学前和小学教育机构。此外，其对政府管理和农牧业的人才支撑也比较显著。

四 高职医学专业毕业生主要服务于基层医疗卫生单位，对临床医学类专业培养需给予关注

卫生与健康事业的发展是全面建成小康社会的重要前提和基础。健康人力资源建设是卫生与健康事业发展的根本支撑与保障，完善医护人才培养体系是加强健康人力资源建设的关键举措。近年来，我国高职医学专业毕业生规模持续扩大，且毕业生的从医比例持续上升，从2015届的85.7%上升到了2019届的89.0%，这为国家卫生与健康事业的发展提供了重要的人才支撑。但与此同时，健康中国建设的深入对医护人才培养提出了新的、更高的要求，2020年的新冠肺炎抗疫工作也对国家的医疗卫生系统及其人才支撑提出了更高的要求，高职医学专业人才培养需以健康中国建设和本次疫情为契机，梳理培养过程中的不足并持续改进。

（一）医学专业毕业生从医比例持续上升

随着国家卫生与健康事业的不断发展，高职医学专业毕业生对相关领域的服务贡献持续加大。数据显示，近年来高职医学专业毕业生的从医比例①持续上升，从 2015 届的 85.7% 上升到了 2019 届的 89.0%，五年间上升了3.3 个百分点。从不同医学专业来看，毕业生的从医选择有所差异。

（二）高职护理类专业从医毕业生更多下沉到地方医院和基层

护理类专业是高职医药卫生大类中规模最大的专业类，对国家护士队伍建设具有重要的支撑作用。高职护理类专业从医比例接近九成（2019 届为89.4%），从事护士岗位的比例 2019 届为 78.9%。医院是高职护理类专业从医毕业生最主要的去向，历年均吸纳超过六成的从医毕业生，高于其他医学类专业（基本不超过半数）；其次是基层医疗/专业公共卫生服务机构，且占比呈现上升趋势，从 2015 届的 16.9% 上升到了 2019 届的 19.8%。结合就业所在的城市类型来看，高职护理类专业从医毕业生在地级及以下城市的比例（2019 届 72%）明显高于本科护理类专业（2019 届 53%），可见毕业生从医更多下沉至地方医院和基层。高职护理类专业毕业生从医比例虽然整体呈上升趋势（从 2015 届的 88.0% 上升到了 2019 届的 89.4%），但与临床类专业（2015~2019 届毕业生从医比例在 92.4%~93.7%）相比偏低，对医疗卫生领域的服务贡献仍有进一步提升的空间。在 2020 年抗击新冠肺炎疫情的过程中，护士短缺的现象引起了多方关注和重视。相关院校可以此为契机审视护理类专业办学及人才培养情况，从而更好地助力国家护士队伍建设。值得注意的是，护理类专业毕业生中，农村生源占比较高（2019 届 56%，高于全国高职平均水平 51%），且从医意愿更强（2019 届从医比例 90.4%，高于其他生源的 88.1%）。未来护理类专业招生可考虑

---

① **从医比例**指毕业生在医疗相关行业就业的比例，其中医疗相关行业包括：医院、基层医疗/专业公共卫生服务机构、康复/养老/健康/护理服务机构、医药及设备制造业。

进一步向农村生源特别是经济后发地区的农村生源倾斜，并引导和鼓励毕业生留在当地就业。

（三）高职临床类专业从医毕业生主要服务于基层医疗卫生单位，对毕业生培养需给予关注

高职临床类专业从医比例在九成以上（2019届为92.7%），从事医生助理岗位的比例2019届为46.5%。传统的医院和基层医疗/专业公共卫生服务机构是高职临床类专业从医毕业生的主要去向，两者合计吸纳了约九成的从医毕业生（2019届88.1%）。结合就业所在的城市类型来看，高职临床类专业从医毕业生有近八成（2019届79%）集中在地级及以下城市，该比例明显高于其他医学专业（2019届70%）。由此可见，临床类专业从医毕业生对基层医疗卫生单位的服务贡献程度较高。毕业生面向基层的服务贡献对于提升基层医疗卫生服务水平、解决基层群众"看病难"问题具有积极影响。高质量的专业培养是支撑医护人才队伍建设的前提和基础。从高职临床类专业毕业生对培养过程的反馈来看，实践教学是其改进需求程度较高的方面，2019届有65%的人认为实习和实践环节不够，该比例高出医学专业平均水平（56%）较多，实践教学环节仍有较大的提升空间。此外，临床类专业毕业生在法律意识、学习观念方面的达成效果仍相对不足，这两类职业素质的满足度（均为85%）仍偏低（医学专业平均水平为88%）。对此，相关专业在培养过程中需进一步完善实践教学体系，在培养学生医学基础理论知识的同时，更加注重强化其临床实践操作技能；同时注重引导学生树立依法行医的观念和意识，并形成自主学习、终身学习的习惯，从而为毕业后更高质量的就业与发展奠定良好基础。

五 高水平专业在人才培养与社会服务方面具有良好的示范引领作用

高等职业教育是培养高素质技术技能人才的重要载体，对促进区域发

展、推动产业转型升级具有重要的支撑作用。随着产业转型升级的深入，技术技能人才的培养也需不断优化以适应产业转型升级的要求。中国特色高水平高职学校和专业建设计划（"双高计划"）的实施是推进高等职业教育改革创新、优化技术技能人才培养的重要举措，而高水平专业群建设是"双高计划"的核心任务之一。"双高计划"遴选坚持质量为先、改革导向、扶优扶强。入选"双高计划"的高水平专业①在技术技能人才培养效果、课程与教学、社会服务方面建设初期的质量与未入选"双高计划"的同专业（以下统称"其他专业"）相比均呈现优势，体现了遴选扶优扶强的原则，支持基础条件优良、改革成效突出、办学特色鲜明的高职学校和专业群率先发展，发挥引领示范作用。"双高计划"择优遴选只是第一步，更需要关注的是未来四年的建设，持续评价建设成果，保障周期性建设目标的达成。

（一）高水平专业技术技能人才培养效果较好，毕业生就业质量较高

就业质量是技术技能人才培养效果的重要体现。高水平专业毕业生就业质量较高，2015～2019届毕业生就业满意度（63%～68%）持续高于其他专业（60%～66%），初始月收入（3608元～4491元）与其他专业（3503～4363元）相比呈现优势，同时工作三年的月收入涨幅（2016届79%）也高于其他专业毕业生（2016届75%）。此外，高水平专业毕业生的能力达成情况更好，对高水平技术技能人才培养的支撑力度更大，2019届毕业生认知能力、合作能力、创新能力、职业能力的掌握水平（分别为56%、56%、56%、54%）均高于其他专业毕业生（分别为55%、53%、55%、53%）。

（二）高水平专业课程与教学体系更为完善，为技术技能人才培养提供了有力支撑

"双高计划"的本质在于高职教育通过自身高水平高质量的内涵建设

---

① 指"双高计划"第一轮建设单位名单中253个专业群的核心专业（如"机电一体化技术专业群"的核心专业为"机电一体化技术"）。

回应外在社会诉求，这就要求培养目标的设定需合理对接社会和产业发展需要，并基于培养目标构建和完善与之相适应的课程与教学体系。总体来看，高水平专业培养目标合理性更强，毕业生认为本专业培养目标符合相关行业发展需求的比例（66%）明显高于其他专业（54%）；课程与实际工作领域的对接程度更高，2015～2019届毕业生对专业核心课程的重要度（89%～90%）、满足度（73%～80%）评价持续高于其他专业（重要度86%～89%，满足度68%～78%）；教学方法运用效果更好，师生、生生互动对教学效果提升的促进作用明显，2015～2019届毕业生对教学的满意度（87%～92%）普遍高于其他专业（86%～90%）；此外实践教学更为完善，毕业生对理论联系实际教学模式的满意度（90%）比其他专业（84%）高6个百分点。

（三）高水平专业服务区域、服务产业发展的能力更强

人才贡献是高校服务社会的首要方式，了解毕业生对相关领域的服务贡献情况，并依此动态调整和完善培养过程以更好地适应区域经济和产业发展需要，是高校提升服务水平的重要渠道。高水平专业对区域的服务贡献更为突出，2015～2019届毕业生在本地（即学校所在省份）就业的比例（71.6%～73.4%）稳步提升，且整体高于其他专业（71.3%～72.7%）；同时毕业生服务对口产业的程度更高，2015～2019届毕业生的工作与专业相关度（68%～70%）比其他专业毕业生（57%～60%）普遍高出不少。

为更好地促进技术技能人才培养质量的提升，相关院校和专业可选择合适的高水平院校和专业为标杆，进一步梳理和明确自身的服务面向领域，对照相关领域的需求合理定位专业培养目标，并构建和完善与之相适应的课程与教学体系，以此不断提高自身的办学水平和社会服务能力。

六 以认证为抓手增强师范类专业服务幼儿与小学教育能力

发展教育是提升国家竞争力的关键所在。随着国家教育改革的深化、大

众对子女教育投入的不断加大以及"二孩"政策的落实，幼儿与小学教育领域对从教人员的需求不断上升。教育业是近年来高职毕业生就业量增长最大的行业，就业比例从 2015 届的 5.6% 上升到了 2019 届的 7.8%。其中在小学教育机构就业的比例稳中有升，从 2015 届的 2.0% 上升到了 2019 届的 2.4%；幼儿与学前教育机构需求上升明显，毕业生在该领域就业的比例从 2015 届的 1.6% 上升到了 2019 届的 2.5%，2019 届该比重首次超过其就业于小学教育机构的比重。

幼儿与小学教育领域需求量较大的高职专业为教育类专业，从教人员中教育类专业毕业生的占比超过四成（2017～2019 届合计 44.8%），其中主要包括面向幼教领域的学前教育专业（27.0%）以及面向小学教育领域的小学教育（6.9%）、英语教育（2.9%）、语文教育（2.6%）、数学教育（1.3%）等专业。为顺应幼儿与小学教育领域发展对教师队伍的需求，高职教育类专业需基于专业认证标准不断强化人才培养工作。

（一）课程体系需要基于教育类专业"双专业性"的特点进一步完善

合理的课程体系是培养高素质幼儿与小学教育教师的前提。整体来看，教育类专业课程建设效果较好，从教毕业生对课程的重要度、满足度评价分别为 97%、90%。但从主要专业来看，数学教育专业毕业生对课程的重要度、满足度评价（分别为 88%、84%）仍相对较低。这类面向某一特定小学学科教学领域的专业具有较为独特的学科专业与教育专业相结合的"双专业性"，因此其课程体系需有效整合本学科专业课程、教师教育相关课程等不同模块的内容，以帮助学生整合与构建学科内容、教学法等不同成分的知识并将其有效地运用于日常教育教学工作当中。当前数学教育专业的课程设置及教学内容不能充分满足小学数学教育的要求，需要基于"双专业性"的特点进一步完善。

（二）实践教学环节需进一步强调促进毕业生从教相关能力的提升

教育类专业培养需要将实践教学与理论教学并重，以确保学生在掌握本学科专业知识的同时具备相应的教育实践智慧。当前教育类专业从教毕业生对实践教学的改进需求程度仍较高，2019届认为实习和实践环节不够的比例（62%）超过六成，一定程度上反映出专业培养依然存在过于强调专业知识理论性和系统性而对学生教学技能培养力度相对不足的情况。另外，实践教学环节是培养和提升学生教学能力、沟通合作能力的关键途径，而教育类专业从教毕业生对这两项能力的掌握水平（2019届分别为54%、53%）与其他能力相比仍偏低。对此，相关院校和专业需进一步完善实践环节以更好地促进学生教学、沟通合作等从教相关能力的提升。

（三）需不断完善学生成长指导，以强化学生的从教情怀与意愿

职业规划辅导是成长指导的重要组成部分，对于帮助学生形成从教情怀、引导学生长期从教具有不可替代的作用。教育类专业职业规划辅导整体开展效果较好，2019届从教毕业生在校期间接受过职业规划辅导的比例（40%）、认为其有效的比例（83%）均高于全国高职平均水平（分别为37%、79%）。当前幼儿与学前教育需求增长较快，但从教人员的稳定性与小学教育相比仍偏弱，这不利于学前教育教师队伍的稳定与发展。对此，相关院校和专业需进一步完善学生成长指导工作，从而更好地帮助学生形成和强化从教情怀与长期从教意愿。

分　报　告
Sub – reports

B.2

高职生毕业去向分析

摘　要：　在经济增速放缓与毕业生人数持续增加的背景下，高职毕业生就业整体稳定，反映出就业市场对高素质技术技能型人才需求不减。通过对2019届高职生毕业去向的分析发现，毕业生毕业后读本科的比例持续上升，"双高"院校表现得更为明显，而待就业毕业生占比整体持稳；从不同区域来看，长三角地区高职院校毕业生就业率最高，西部生态经济区最低；从各专业大类来看，生物与化工大类就业率持续较高，而资源环境与安全大类相对较低，其中，新增数量较多的高职专业就业优势凸显。从待就业毕业生的计划来看，虽大多在求职过程中，但求职者六成以上收到过录用通知，未接受录用主要是出于个人期待与规划方面的考虑，就业困难非待就业的主因。

关键词：　高职毕业生　毕业去向　就业率

一 毕业去向分布

毕业半年后：2019 届毕业生毕业第二年（即 2020 年）的 1 月左右。麦可思在此时展开跟踪评价。此时毕业生的就业状况趋于稳定，有工作经历的毕业生也能够评估工作对自己知识、能力的要求水平。

毕业三年后：麦可思于 2019 年对 2016 届大学毕业生进行了三年后跟踪评价（曾于 2017 年初对这批大学毕业生进行过半年后跟踪评价），本报告涉及的三年内的变化分析即使用两次对同一批大学生的跟踪评价数据。

毕业去向分布：麦可思将中国高职毕业生的毕业后状况分为五类：受雇工作、自主创业、入伍、读本科、待就业。其中，受雇工作包含受雇全职工作、受雇半职工作，受雇全职工作指平均每周工作 32 小时或以上，受雇半职工作指平均每周工作 20 小时到 31 小时。待就业包含"无工作，继续寻找工作"、"无工作，其他"。

院校类型：本报告中，高职院校类型被划分为"双高"院校和其他高职院校。其中**"双高"院校**包含高水平建设院校 56 所，高水平专业群建设院校 141 所。**其他高职院校**包含除"双高"院校以外的高职院校。

应届高职毕业生毕业后以直接工作为主，同时升本比例持续上升，待就业无明显增加。从近五年毕业生的毕业去向来看，毕业后直接工作（受雇工作、自主创业）比例近五年来均超过八成；与此同时升本对毕业生的分流作用持续扩大，读本科的比例从 2015 届的 4.7% 上升到 2019 届的 7.6%，上升 2.9 个百分点（见表 2-1）。2020 年 2 月教育部提出专升本扩招政策，高技能高技术人才会是未来的突破口，而专升本扩招也是职业教育的另一种体现，是社会需求的体现。此外，入伍和待就业的毕业生五年持稳。从不同院校类型来看，"双高"院校毕业生毕业后读本比例更高，从 2015 届的 5.0% 上升到 2019 届 9.9%，翻了近一倍；其他高职院校 2019 届读本比重为 7.2%（见表 2-2、表 2-3）。

表 2 – 1　2015～2019 届高职院校毕业生毕业半年后的去向分布变化

单位：%，个百分点

毕业去向分布	2019 届	2018 届	2017 届	2016 届	2015 届	2019 – 2015 届
受雇工作	80.3	82.0	82.8	82.6	82.5	– 2.2
自主创业	3.4	3.6	3.8	3.9	3.9	– 0.5
入伍	0.6	0.6	0.5	0.5	0.5	0.1
读本科	7.6	6.3	5.4	4.9	4.7	2.9
待就业	8.1	7.5	7.5	8.1	8.4	– 0.3

注："2019 – 2015 届"表示以 2019 届的就业比例减去 2015 届的就业比例，下同。

数据来源：麦可思 – 中国 2015～2019 届大学毕业生培养质量跟踪评价。

表 2 – 2　2015～2019 届"双高"院校毕业生毕业半年后的去向分布变化

单位：%，个百分点

毕业去向分布	2019 届	2018 届	2017 届	2016 届	2015 届	2019 – 2015 届
受雇工作	80.1	82.7	84.2	84.7	84.5	– 4.4
自主创业	3.3	3.6	3.8	3.7	3.7	– 0.4
入伍	0.7	0.5	0.4	0.4	0.4	0.3
读本科	9.9	7.6	6.0	5.2	5.0	4.9
待就业	6.0	5.6	5.6	6.0	6.4	– 0.4

数据来源：麦可思 – 中国 2015～2019 届大学毕业生培养质量跟踪评价。

表 2 – 3　2015～2019 届其他高职院校毕业生毕业半年后的去向分布变化

单位：%，个百分点

毕业去向分布	2019 届	2018 届	2017 届	2016 届	2015 届	2019 – 2015 届
受雇工作	80.3	81.8	82.4	82.1	82.1	– 1.8
自主创业	3.4	3.6	3.8	3.9	3.9	– 0.5
入伍	0.5	0.6	0.5	0.5	0.5	0.0
读本科	7.2	6.1	5.3	4.8	4.6	2.6
待就业	8.6	7.9	8.0	8.7	8.9	– 0.3

数据来源：麦可思 – 中国 2015～2019 届大学毕业生培养质量跟踪评价。

高职毕业生毕业三年后工作整体稳定。"双高"院校毕业生自主创业和仍在深造的比例略高。具体来看,"双高"院校 2016 届毕业三年后的毕业生自主创业的比例为 8.3%,其他高职院校为 8.0%,毕业生三年内新增创业较多;"双高"院校 2016 届毕业三年后的毕业生正在读研的比例为 1.1%,其他高职院校为 0.7%(见图 2-1)。

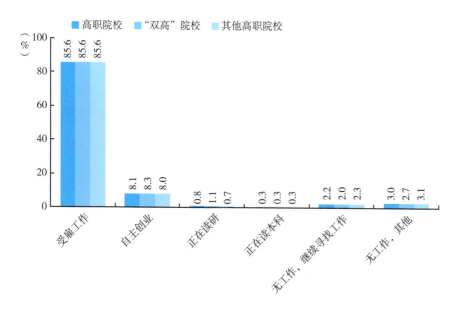

图 2-1　2016 届高职毕业生毕业三年后的去向分布

数据来源:麦可思-中国 2016 届大学毕业生三年后职业发展跟踪评价。

二　就业率分析

就业率:高职毕业生的就业率=已就业高职毕业生数/高职毕业生总数。其中已就业人群包括"受雇工作""自主创业""入伍""读本科"四类。需要说明的是,自 2020 年开始本报告的就业率统计均包含升学人群,在本年度展示的往届就业率也均重新统计纳入升学人群。

应届高职毕业生毕业半年后就业率近五年整体稳定在 92% 左右;"双高"

院校就业率更高，近五年整体稳定在94%左右，其他高职院校在92%左右（见图2-2、图2-3），这也反映出社会对高素质技术技能型人才的需求较大。

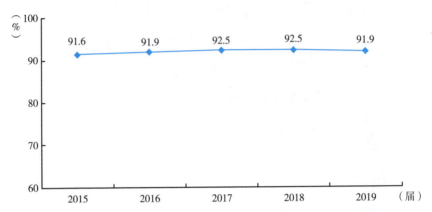

图2-2 2015~2019届高职毕业生毕业半年后的就业率变化趋势

数据来源：麦可思-中国2015~2019届大学毕业生培养质量跟踪评价。

图2-3 2015~2019届各类型高职院校毕业生半年后的就业率变化趋势

数据来源：麦可思-中国2015~2019届大学毕业生培养质量跟踪评价。

经济区域：本研究把全国31个省、自治区和直辖市分为八个区域经济体。

a. 东北区域经济体：包括黑龙江、吉林、辽宁；

b. 泛渤海湾区域经济体：包括北京、天津、山东、河北、内蒙古、山西；

c. 陕甘宁青区域经济体：包括陕西、甘肃、宁夏、青海；

d. 中原区域经济体：包括河南、湖北、湖南；

e. 泛长江三角洲区域经济体：包括上海、江苏、浙江、江西、安徽；

f. 泛珠江三角洲区域经济体：包括广东、广西、福建、海南；

g. 西南区域经济体：包括重庆、四川、贵州、云南；

h. 西部生态经济区：包括西藏、新疆。

从不同区域来看，2019届长三角地区高职院校毕业生毕业半年后的就业率最高（94.5%），其次是珠三角地区（94.4%），而西部生态经济区最低（86.0%）。这也与长三角、珠三角地区可提供给应届高职毕业生的就业机会更多有关。

表 2-4 2017~2019届各经济区域高职毕业生毕业半年后的就业率变化趋势

单位：%

经济区域	2019 届	2018 届	2017 届
泛长江三角洲区域经济体	94.5	95.0	94.9
泛珠江三角洲区域经济体	94.4	94.4	94.6
中原区域经济体	92.3	93.3	93.2
泛渤海湾区域经济体	91.3	92.0	92.3
西南区域经济体	89.7	90.6	90.7
东北区域经济体	88.9	89.3	89.0
陕甘宁青区域经济体	87.7	88.1	87.5
西部生态经济区	86.0	85.9	85.7
全国高职	**91.9**	**92.5**	**92.5**

数据来源：麦可思-中国2017~2019届大学毕业生培养质量跟踪评价。

专业大类：按照教育部的专业目录，本次跟踪评价覆盖了高职院校所开设的专业大类19个。

专业类：按照教育部的专业目录，本次跟踪评价覆盖了高职院校所开设的专业类97个。

专业：按照教育部的专业目录，本次跟踪评价覆盖了高职院校所开设的

专业 574 个。

从不同专业大类来看，生物与化工大类就业率连续三届位列前两位，而资源环境与安全大类就业率相对较低。2019 届高职毕业生毕业半年后就业率最高的专业大类是土木建筑大类（93.7%），其后是生物与化工大类（93.6%）、能源动力与材料大类（93.4%）、公共管理与服务大类（93.3%）；资源环境与安全大类（90.3%）、新闻传播大类（90.4%）、农林牧渔大类（90.4%）、旅游大类（90.5%）就业率相对较低（见表 2-5）。

具体到各专业类来看，除上述就业率较高的专业大类外，其他大类中的康复治疗类（95.6%）、食品药品管理类（94.1%）、语言类（94.1%）、电子信息类（94.1%）专业就业率较高（见表 2-6）。

表 2-5　2017~2019 届高职各专业大类毕业生毕业半年后的就业率

单位：%

高职专业大类名称	2019 届	2018 届	2017 届
土木建筑大类	93.7	93.5	93.4
生物与化工大类	93.6	94.2	93.9
能源动力与材料大类	93.4	93.6	93.5
公共管理与服务大类	93.3	93.6	93.7
水利大类	93.1	92.5	92.3
食品药品与粮食大类	92.9	93.1	93.1
文化艺术大类	92.8	93.1	92.9
教育与体育大类	92.8	92.9	93.0
装备制造大类	92.7	93.3	93.3
交通运输大类	92.5	93.3	93.0
财经商贸大类	92.4	92.7	93.0
电子信息大类	91.9	92.4	92.5
医药卫生大类	90.7	91.5	91.2
旅游大类	90.5	90.8	90.5
农林牧渔大类	90.4	91.0	91.1
新闻传播大类	90.4	90.7	91.1
资源环境与安全大类	90.3	90.5	90.4
全国高职	**91.9**	**92.5**	**92.5**

注：个别专业大类因为样本较少，没有包括在内。

数据来源：麦可思-中国 2017~2019 届大学毕业生培养质量跟踪评价。

表 2 – 6　2017 ~ 2019 届高职主要专业类毕业生毕业半年后的就业率

单位：%

高职专业类名称	2019 届	2018 届	2017 届
康复治疗类	95.6	94.9	95.2
公共事业类	94.3	94.2	94.0
食品药品管理类	94.1	94.7	94.4
市政工程类	94.1	94.4	94.7
语言类	94.1	94.1	94.2
建设工程管理类	94.1	93.5	93.7
电子信息类	94.1	93.3	92.8
化工技术类	94.0	94.2	93.3
经济贸易类	93.7	93.9	93.9
道路运输类	93.7	93.1	92.6
土建施工类	93.7	93.0	92.6
电力技术类	93.6	94.1	94.4
临床医学类	93.6	93.2	93.0
医学技术类	93.3	94.1	93.7
通信类	93.3	93.8	94.1
药品制造类	93.3	93.6	94.0
生物技术类	93.2	94.1	93.2
自动化类	93.2	93.7	93.3
林业类	93.2	93.5	93.6
艺术设计类	93.2	93.2	93.0
机电设备类	93.1	93.7	93.2
公共管理类	93.0	93.7	93.7
房地产类	93.0	92.7	93.0
市场营销类	92.9	93.3	93.5
建筑设备类	92.9	92.8	92.5
城市轨道交通类	92.7	93.6	93.9
机械设计制造类	92.7	93.2	92.9
电子商务类	92.6	93.4	92.5
药学类	92.4	92.7	93.0
工商管理类	92.4	92.1	92.2

续表

高职专业类名称	2019 届	2018 届	2017 届
铁道运输类	92.3	92.7	92.7
建筑设计类	92.1	93.0	93.6
教育类	92.1	92.6	92.2
财务会计类	92.0	92.7	93.1
食品工业类	92.0	91.8	91.4
物流类	91.6	92.2	92.7
汽车制造类	91.5	92.4	92.9
水上运输类	91.4	91.5	91.0
广播影视类	91.4	90.7	91.1
计算机类	91.3	92.0	92.4
测绘地理信息类	91.1	91.7	91.3
旅游类	90.9	91.6	90.9
金融类	90.9	91.4	91.6
护理类	90.4	90.9	90.8
农业类	90.2	90.8	91.4
畜牧业类	89.5	90.3	90.0
表演艺术类	89.4	89.9	90.1
全国高职	**91.9**	**92.5**	**92.5**

注：个别专业类因为样本较少，没有包括在内。

数据来源：麦可思－中国 2017～2019 届大学毕业生培养质量跟踪评价。

　　随着人工智能的发展、产业转型升级的深入，信息技术、教育医疗、文体娱乐、公共管理等服务性产业对相关专业人才需求增长较快。从 2019 届就业量最大的前 50 位专业来看，毕业生半年后就业率较高的专业为学前教育（95.2%）、医学检验技术（95.1%）、商务英语（95.0%）、国际经济与贸易（95.0%）、物联网应用技术（95.0%）等。

　　从高职毕业生毕业半年后就业率排名前 50 的专业来看，工程类专业过半，其中排名靠前的为电力系统继电保护与自动化技术（96.0%）、铁道机车（95.8%）、电力系统自动化技术（95.5%）、工业分析技术（95.2%）、物联网应用技术（95.0%）；教育与体育大类专业中排名靠前的为社会体育（96.4%）、学前教育（95.2%）、商务英语（95.0%）；医药卫生大类专业中排名靠前的为康复治疗技术（95.4%）、医学检验技术（95.1%）；其他专业大类中排名靠前的专业为国际商务（95.3%）、国际经济与贸易（95.0%）、社会工作（94.8%）、国际贸易实务（94.4%）、人力资源管理（93.9%）、产品艺术设计（93.7%）等（见表2－7、表2－8）。

表2－7 2019届高职毕业生毕业半年后就业量最大的前50位专业的就业率

单位：%

专业名称	2019届	2018届	2017届
学前教育	95.2	95.8	96.3
医学检验技术	95.1	95.2	94.8
商务英语	95.0	94.8	95.9
国际经济与贸易	95.0	94.1	94.5
物联网应用技术	95.0	93.1	93.5
工程造价	94.3	93.8	93.8
道路桥梁工程技术	94.1	94.6	92.8
应用英语	93.9	94.8	94.5
建筑工程技术	93.8	93.1	92.5
电气自动化技术	93.6	94.2	92.9
环境艺术设计	93.6	92.9	93.8
空中乘务	93.6	93.2	93.0
电子信息工程技术	93.3	93.2	92.6
模具设计与制造	93.3	93.1	92.6
城市轨道交通运营管理	93.3	94.0	94.7
药品生产技术	93.2	93.7	93.2
市场营销	93.1	93.6	94.0
临床医学	93.1	92.8	92.9
建筑装饰工程技术	93.1	93.9	93.9
艺术设计	93.1	92.9	92.5
机电一体化技术	93.0	93.5	92.9
应用电子技术	93.0	92.7	92.0

续表

专业名称	2019 届	2018 届	2017 届
数控技术	92.8	92.2	92.1
助产	92.8	93.3	93.5
汽车运用与维修技术	92.8	93.0	92.7
机械设计与制造	92.8	94.2	93.2
汽车营销与服务	92.7	94.0	94.0
财务管理	92.6	92.7	92.0
电子商务	92.5	93.4	92.5
广告设计与制作	92.5	92.8	92.2
文秘	92.5	94.3	93.4
建筑室内设计	92.4	93.4	93.2
药学	92.3	93.8	93.6
会计	92.2	93.3	93.4
工商企业管理	92.2	92.2	93.2
计算机网络技术	92.1	91.5	91.6
数字媒体应用技术	92.0	92.5	92.4
物流管理	91.7	92.2	92.7
计算机应用技术	91.6	91.6	91.4
酒店管理	91.4	92.1	91.3
机械制造与自动化	91.3	92.3	92.2
软件技术	91.1	92.6	92.6
旅游管理	91.1	91.8	91.5
汽车检测与维修技术	91.0	92.4	92.1
食品营养与检测	91.0	90.9	90.5
医学影像技术	90.6	91.7	91.7
护理	90.3	90.9	90.7
小学教育	89.2	90.5	87.1
动漫制作技术	89.2	90.8	91.0
畜牧兽医	88.0	88.5	88.5
全国高职	**91.9**	**92.5**	**92.5**

数据来源：麦可思－中国 2017~2019 届大学毕业生培养质量跟踪评价。

表 2 – 8　2019 届高职毕业生毕业半年后就业率排前 50 位的主要专业

单位：%

专业名称	就业率	专业名称	就业率
社会体育	96.4	铁道工程技术	94.1
电力系统继电保护与自动化技术	96.0	应用英语	93.9
铁道机车	95.8	人力资源管理	93.9
电力系统自动化技术	95.5	建筑工程技术	93.8
康复治疗技术	95.4	建筑智能化工程技术	93.8
国际商务	95.3	应用化工技术	93.8
工业分析技术	95.2	工业机器人技术	93.8
学前教育	95.2	城市轨道交通工程技术	93.7
医学检验技术	95.1	产品艺术设计	93.7
物联网应用技术	95.0	建筑设备工程技术	93.6
国际经济与贸易	95.0	数字媒体艺术设计	93.6
商务英语	95.0	会展策划与管理	93.6
城市轨道交通机电技术	94.9	电气自动化技术	93.6
社会工作	94.8	汽车制造与装配技术	93.6
旅游英语	94.8	环境艺术设计	93.6
数控设备应用与维护	94.6	空中乘务	93.6
工业设计	94.6	药品经营与管理	93.5
水利水电建筑工程	94.6	数学教育	93.4
移动互联应用技术	94.6	视觉传播设计与制作	93.4
铁道供电技术	94.5	商务日语	93.4
市政工程技术	94.4	建设工程管理	93.3
发电厂及电力系统	94.4	物业管理	93.3
国际贸易实务	94.4	电子信息工程技术	93.3
工程造价	94.3	新闻采编与制作	93.3
道路桥梁工程技术	94.1	**全国高职**	**91.9**
通信技术	94.1		

注：毕业生规模过小的专业不包括在此排序中。

数据来源：麦可思 – 中国 2019 届大学毕业生培养质量跟踪评价。

三 未就业分析

未就业：本研究将应届毕业生在毕业半年后跟踪评价时既没有受雇工作，也没有创业、入伍或升学的状态，视为未就业。这包括还在找工作和其他暂不就业两种情况。

应届高职毕业生毕业半年后待就业比例整体稳定。具体来看，"双高"院校待就业比例较低，近五年整体稳定在6%左右，其他高职院校平均在8.4%。

待就业的高职毕业生并非就业困难，其待就业主要与个人的择业标准、职业规划有关。2019届待就业的高职毕业生有58%在求职中，这些求职中的毕业生有六成以上是收到过录用通知的，"薪资福利偏低"、"个人发展空间不够"、"单位管理制度和文化与预期不符"等是其未接受录用的主因。此外，还有24%的待就业高职毕业生在准备公务员考试、创业、读本、职业资格考试或参加职业技能培训，这些都与毕业生的个人职业规划有关（见图2-4、图2-5、图2-6、图2-7）。

图2-4 2015~2019届高职毕业生毕业半年后未就业比例变化趋势

数据来源：麦可思-中国2015~2019届大学毕业生培养质量跟踪评价。

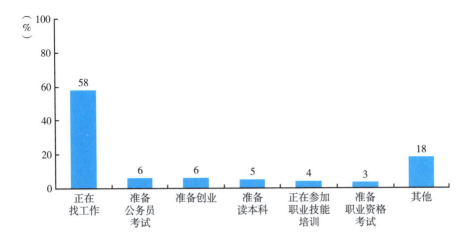

图 2 − 5　2019 届未就业高职毕业生分布

数据来源：麦可思 − 中国 2019 届大学毕业生培养质量跟踪评价。

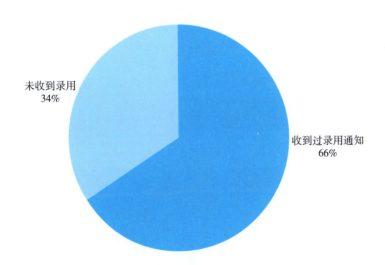

图 2 − 6　2019 届正在找工作的高职毕业生收到过录用通知的比例

数据来源：麦可思 − 中国 2019 届大学毕业生培养质量跟踪评价。

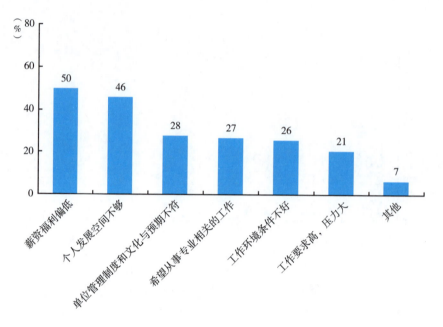

图 2－7　2019 届正在找工作的高职毕业生收到过录用通知未接受原因（多选）

数据来源：麦可思－中国 2019 届大学毕业生培养质量跟踪评价。

B.3
高职毕业生就业结构分析

摘　要： 随着人工智能、5G、大数据等新兴产业的发展和产业转型升级的深入，高职毕业生在不同地域、行业职业和用人单位就业的特点也发生新的变化。从毕业生就业地来看，毕业生就业的重心持续下沉，以服务本地经济社会发展为主，此外，珠江三角洲地区、新一线城市对高职毕业生的吸引力不断增强。从行业职业上看，教育、文体娱乐、公共管理等服务性行业需求增长，幼儿与学前教育相关职业需求增长，此外，以互联网开发、新媒体运营、电子竞技为代表的新兴职业成为应届高职毕业生就业增长点，行业职业需求增长也是造就绿牌专业的主要因素。民营企业、中小微企业是吸纳毕业生的主体，释放了更多的就业机会。

关键词： 高职毕业生　就业地　用人单位

一　就业地分析

从应届毕业生就业地①特点来看，2019届高职毕业生在泛长三角区域就业的占比（22.9%）最高，其后是泛珠三角区域（20.4%）、泛渤海湾区域（20.0%）；结合各区域高职院校2019届毕业生占比和就业率综合来看，泛珠三角区域人才的吸引力（毕业生占比14.6%、就业率94.4%）

---

① **就业地：** 指大学毕业生的就业所在地区。

最大，其次是泛长三角区域（毕业生占比19.0%、就业率94.5%），而中原区域经济体（毕业生占比18.9%、就业率92.3%、高职毕业生在中原区域经济体就业的占比为12.3%）人才流失相对较多（见图3-1、表2-4、技术报告表1）。

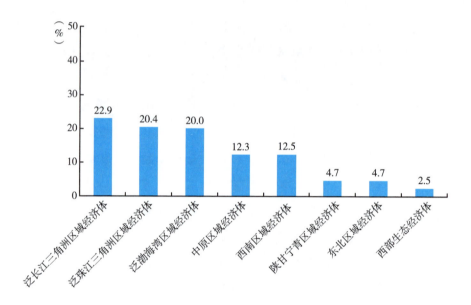

图3-1 2019届高职毕业生就业地的分布

数据来源：麦可思-中国2019届大学毕业生培养质量跟踪评价。

城市类型：本研究对城市类型有两种划分方式。

1. 按行政级别把全国城市分为以下三种类型。

a. 直辖市：包括北京、上海、天津、重庆。

b. 副省级城市：包括哈尔滨、长春、沈阳、大连、济南、青岛、南京、杭州、宁波、厦门、广州、深圳、武汉、成都、西安15个城市。

c. 地级城市及以下：如绵阳、保定、苏州等，也包括省会城市如福州、银川等，以及地级市下属的县、乡等。

2. 按经济实力和综合影响力分为一线城市和新一线城市

一线城市：北京、上海、广州、深圳。

新一线城市：《第一财经周刊》于 2013 年首次提出"新一线城市"概念，依据商业资源集聚度、城市枢纽性、城市人活跃度、生活方式多样性和未来可塑性五大指标，每年评出 15 座新一线城市。2019 年评出的 15 座新一线城市依次是：成都、杭州、重庆、武汉、西安、苏州、天津、南京、长沙、郑州、东莞、青岛、沈阳、宁波和昆明。

高职毕业生就业重心持续下沉。从近五年趋势来看，高职毕业生选择在地级城市及以下地区就业的比例有所上升，从 2015 届的 61% 上升到 2019 届的 63%；与此同时，毕业生选择在直辖市就业的比例持续下降，从 2015 届的 14% 下降到 2019 届的 10%；此外，毕业生选择在副省级城市就业的比例五年来有所上升（见图 3–2）。

图 3 – 2 2015～2019 届高职毕业生就业城市类型分布变化

数据来源：麦可思 – 中国 2015～2019 届大学毕业生培养质量跟踪评价。

新一线城市对高职毕业生的吸引力不断增强。从近五年趋势来看，高职毕业生选择在新一线城市就业的比例，从 2015 届的 17% 上升到 2019 届的 23%，而在一线城市就业的比例从 2015 届的 19% 下降到 2019 届的 15%。新一线城市就业机会多、生活成本较低、生活环境好等优势对毕业生有强大的吸引力，正不断追赶以往在人才方面占据绝对优势的一线城市（见图 3 – 3）。

图 3-3　2015～2019 届高职毕业生在一线、新一线城市就业的比例变化趋势

数据来源：麦可思-中国 2015～2019 届大学毕业生培养质量跟踪评价。

二　行业、职业流向分析

（一）就业的主要行业及变化趋势

行业：根据麦可思中国行业分类体系，本次跟踪评价覆盖了高职毕业生就业的 328 个行业。

本部分各图表中的"就业比例" = 在某类行业中就业的高职毕业生人数/全国同届次高职毕业生就业总数。

教育、文体娱乐、公共管理等服务性行业需求增长，应届高职毕业生在该类行业就业量增多。从毕业生就业行业的占比来看，2019 届高职毕业生毕业半年后就业最多的行业类是"建筑业"（11.1%），其后是"教育业"（7.8%）、"医疗和社会护理服务业"（7.5%）。与 2015 届相比，2019 届高职毕业生就业比例增加较多的行业类为"教育业""政府及公共管理""文化、体育和娱乐业"（分别增加了 2.2 个、0.8 个、0.8 个百分点）；就业比例降低较多的行业类是"金融业""建筑业""交通运输设备制造业"（分别降低了 3.0 个、1.0 个、1.0 个百分点）。从毕业生就业行业的变化趋势来看，在就业比例排名前十位的行业类中，应届高职毕业生在"教育业"行业类就业的比例逐届增加，在"金融业"行业类就业的比例逐届下降（见表3－1）。

具体来看，在"教育业"的就业增长主要是"教辅及培训机构""幼儿与学前教育机构"的需求增长，分别从2015届的2.0%、1.6%上升到2019届的2.9%、2.5%，均增加0.9个百分点；在"文化、体育和娱乐业"的就业增长主要是"体育、娱乐业"（如游戏行业、体育竞赛表演等）的需求增长，从2015届的0.9%上升到2019届的1.4%，增加0.5个百分点；在"政府及公共管理"的就业增长主要是国家行政机构、社会保障和基层群众自治组织的执法人员、文职人员、社区工作者的增多。

表3－1　2015～2019届高职毕业生就业的主要行业类变化趋势

单位：%，个百分点

行业类名称	就业比例					
	2019届	2018届	2017届	2016届	2015届	2019－2015届
建筑业	11.1	11.9	12.5	12.4	12.1	－1.0
教育业	7.8	7.3	6.5	5.7	5.6	2.2
医疗和社会护理服务业	7.5	7.7	7.7	7.5	7.2	0.3
零售业	6.4	6.6	6.2	6.1	6.5	－0.1
信息传输、软件和信息技术服务业	5.8	5.4	5.1	5.3	5.4	0.4
各类专业设计与咨询服务业	4.7	4.9	4.7	4.5	4.4	0.3
居民服务、修理和其他服务业	4.7	4.6	4.4	4.3	4.5	0.2
金融业	4.6	5.2	6.6	7.5	7.6	－3.0
电子电气设备制造业（含计算机、通信、家电等）	4.6	4.8	4.9	4.8	5.2	－0.6
住宿和餐饮业	3.9	3.5	3.2	3.3	3.2	0.7

续表

行业类名称	就业比例					
	2019届	2018届	2017届	2016届	2015届	2019-2015届
政府及公共管理	3.2	3.3	3.1	3.0	2.4	0.8
机械设备制造业	3.1	2.9	3.1	3.0	3.4	-0.3
文化、体育和娱乐业	3.1	2.8	2.9	2.8	2.3	0.8
房地产开发及租赁业	3.0	3.1	3.1	3.2	2.9	0.1
运输业	3.0	3.0	3.1	3.1	2.3	0.7
行政、商业和环境保护辅助业	2.4	2.5	2.3	2.3	2.5	-0.1
化学品、化工、塑胶制造业	2.3	2.5	2.4	2.7	2.8	-0.5
医药及设备制造业	2.1	1.9	1.7	1.8	1.7	0.4
交通运输设备制造业	2.1	2.5	2.7	2.7	3.1	-1.0
农、林、牧、渔业	1.9	1.9	1.8	1.5	1.6	0.3
电力、热力、燃气及水生产和供应业	1.8	1.3	1.7	1.9	1.6	0.2
纺织、服装、皮革制造业	1.7	1.5	1.4	1.5	1.8	-0.1
邮递、物流及仓储业	1.5	1.6	1.6	1.9	1.7	-0.2
食品、烟草、加工业	1.5	1.7	1.6	1.7	2.0	-0.5
批发业	1.4	1.7	1.7	1.7	2.1	-0.7
其他制造业	1.0	0.6	0.5	0.5	0.6	0.4
家具制造业	0.9	0.9	1.1	1.1	1.1	-0.2
初级金属制造业	0.8	0.8	0.7	0.7	0.7	0.1
采矿业	0.6	0.5	0.4	0.4	0.4	0.2
玻璃黏土、石灰水泥制品业	0.5	0.6	0.5	0.4	0.4	0.1
木品和纸品业	0.3	0.4	0.4	0.5	0.6	-0.3
其他租赁业	0.3	0.2	0.2	0.2	0.2	0.1
群众团体、社会团体和宗教组织	0.2	0.1	0.2	0.2	0.1	0.1

注：表中显示数字均保留一位小数，因为四舍五入进位，加起来可能不等于100%。

数据来源：麦可思-中国2015~2019届大学毕业生培养质量跟踪评价。

表 3 – 2   2019 届高职毕业生就业量最大的前 50 位行业

单位：%

行业名称	就业比例	行业名称	就业比例
居民服务业	2.9	其他零售业	0.9
综合医院	2.5	专科医院	0.9
幼儿园与学前教育机构	2.5	医疗设备及用品制造业	0.9
住宅建筑施工业	2.4	广告及相关服务业	0.9
中小学教育机构	2.4	半导体和其他电子元件制造业	0.9
高速公路、街道及桥梁建筑业	2.1	铁路运输业	0.9
建筑装修业	2.0	房地产开发业	0.9
综合性餐饮业	2.0	地产代理和经纪人办事处	0.8
建筑基础、结构、楼房外观承建业	1.9	汽车保养与维修业	0.8
互联网运营与网络搜索引擎业	1.9	通信设备制造业	0.8
软件开发业	1.5	旅客住宿业	0.8
其他金融投资业	1.5	其他化工产品制造业	0.8
发电、输电业	1.4	建筑、工程及相关咨询服务业	0.7
会计、审计与税务服务业	1.4	保险机构	0.7
物流仓储业	1.2	计算机及外围设备制造业	0.7
药品和医药制造业	1.2	快餐业	0.7
保险代理、经销、其他保险相关业	1.1	房地产租赁业	0.7
教育辅助服务业	1.1	电气设备制造业	0.7
百货零售业	1.1	其他地产相关业	0.7
其他信息服务业	1.1	其他服务业	0.6
其他学院和培训机构	1.1	铁路机车制造业	0.6
基层医疗卫生服务机构	1.1	司法、执法部门（公检法）	0.6
非住宅建筑施工业	1.1	其他医疗健康服务机构	0.6
其他娱乐和休闲产业	1.1	其他公共管理服务组织	0.6
其他制造业	1.0	城市公共交通业	0.5

数据来源：麦可思 – 中国 2019 届大学毕业生培养质量跟踪评价。

（二）主要行业的就业稳定性

行业转换率：行业转换是指毕业生在毕业半年后就业于某行业（小类），而毕业三年后进入不同的行业就业。行业转换率是指有多大比例的毕业生在毕业三年内转换了行业。其计算方法为：分母是毕业半年后有工作的毕业生

数，分子是毕业三年后所在行业与毕业半年后所在行业不同的毕业生数。

高职毕业生工作三年内有51%转换了行业，"双高"院校略低，2016届"双高"院校毕业生工作三年内有49%转换了行业，其他高职院校为52%（见图3-4）。从各专业大类来看，文化艺术大类、财经商贸大类、电子信息大类、旅游大类毕业生三年内的行业转换率较高（分别为66%、61%、60%、60%），医药卫生大类毕业生毕业三年内的行业转换率最低（28%），其次是能源动力与材料大类（30%）（见表3-3）。这主要与各专业大类服务的行业聚集度和单位特点有关，文化艺术、财经商贸、电子信息、旅游大类服务面向行业领域较广，而医药卫生大类服务面向的行业相对集中，主要为医疗机构，能源动力与材料大类服务主要面向国企。

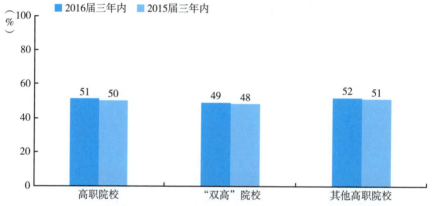

图3-4 2016届高职毕业三年内的行业转换率（与2015届三年内对比）

数据来源：麦可思-中国2015届、2016届大学毕业生三年后职业发展跟踪评价，2015届、2016届大学毕业生培养质量跟踪评价。

从不同行业类来看，批发业的高职毕业生行业转换率最高，公共服务领域的高职毕业生行业转换率相对较低。2016届高职毕业生毕业三年内行业转换率最高前五位行业类是"批发业"（81%）、"文化、体育和娱乐业"（76%）、"金融业"（74%）、"电子电气设备制造业"（73%）、"零售业"（72%），最低的前五位行业类是"电力、热力、燃气及水生产和供应业"（27%）、"运输业"（37%）、"医疗和社会护理服务业"（39%）、"教育业"（41%）、"农、林、牧、渔业"（46%）（见图3-5、图3-6）。

表 3 – 3　2016 届高职各专业大类毕业生毕业三年内的行业转换率
（与 2015 届三年内对比）

单位：%

高职专业大类名称	2016 届毕业三年内行业转换率	2015 届毕业三年内行业转换率
文化艺术大类	66	64
财经商贸大类	61	60
电子信息大类	60	59
旅游大类	60	61
食品药品与粮食大类	58	58
装备制造大类	55	53
土木建筑大类	51	51
农林牧渔大类	47	52
生物与化工大类	45	47
资源环境与安全大类	44	41
教育与体育大类	43	43
交通运输大类	36	34
能源动力与材料大类	30	34
医药卫生大类	28	27
全国高职	**51**	**50**

注：个别专业大类因为样本较少，没有包括在内。

数据来源：麦可思 – 中国 2015 届、2016 届大学毕业生三年后职业发展跟踪评价，2015 届、2016 届大学毕业生培养质量跟踪评价。

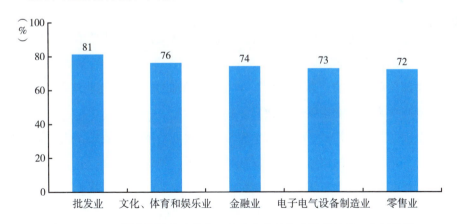

图 3 – 5　2016 届高职毕业生毕业三年内行业转换率最高的前五位行业类

注：毕业生规模过小的行业类不包括在此排序中。

数据来源：麦可思 – 中国 2016 届大学毕业生三年后职业发展跟踪评价，2016 届大学毕业生培养质量跟踪评价。

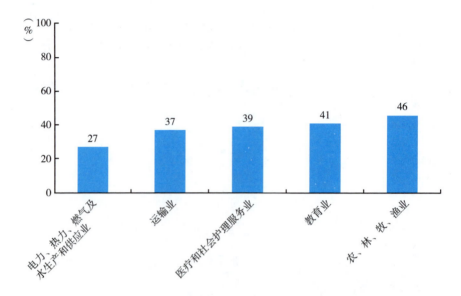

图3-6 2016届高职毕业生毕业三年内行业转换率最低的前五位行业类

注：毕业生规模过小的行业类不包括在此排序中。

数据来源：麦可思-中国2016届大学毕业生三年后职业发展跟踪评价，2016届大学毕业生培养质量跟踪评价。

（三）从事的主要职业及变化趋势

职业：根据麦可思中国职业分类体系，本次跟踪评价覆盖了高职毕业生能够从事的552个职业。

本部分各表中的"就业比例" ＝在某类职业中就业的高职毕业生人数/全国同届次高职毕业生就业总数。

全面开放二孩带动了幼儿与学前教育相关职业需求的增长，此外随着人工智能等新兴产业的快速发展，以互联网开发、新媒体运营、电子竞技为代表的新兴职业也成为应届高职毕业生就业增长点。从毕业生就业岗位的占比来看，2019届高职毕业生毕业半年后就业最多的职业类是"销售"（9.8%），其后是"建筑工程"（7.8%）、"财务/审计/税务/统计"（7.7%）、"行政/后勤"（7.1%）、"医疗保健/紧急救助"（6.6%）、"互联网开发及应用"（4.5%）等。与2015届相比，2019届高职毕业生就业比例增加较多的职业类为"幼儿与学前教育""生产/运营""交通运输/邮电""媒体/出版"（分别增加了 1.1 个、0.8 个、0.7 个、0.7 个百分点）；就业比例降低较多的职业类是"财务/审计/税务/统计""金融（银行/基金/证券/理财）""销售"（分别降低了 3.1 个、1.1 个、0.8 个百分点）。

从毕业生就业岗位的变化趋势来看，在就业比例排名前十位的职业类中，应届高职毕业生在"互联网开发及应用""餐饮/娱乐"职业类就业的比例近四年逐届增加（见表 3 - 4）。

表 3 - 4　2015~2019 届高职毕业生从事的主要职业类排名

单位：%，个百分点

职业类名称	就业比例					
	2019 届	2018 届	2017 届	2016 届	2015 届	2019 - 2015 届
销售	9.8	8.9	8.9	10.8	10.6	- 0.8
建筑工程	7.8	7.9	8.4	8.3	7.8	0.0
财务/审计/税务/统计	7.7	8.1	9.0	10.0	10.8	- 3.1
行政/后勤	7.1	7.6	7.3	7.3	7.0	0.1
医疗保健/紧急救助	6.6	6.8	6.8	6.6	6.3	0.3
互联网开发及应用	4.5	4.4	4.2	3.5	4.3	0.2
餐饮/娱乐	3.2	3.0	2.6	2.5	2.9	0.3
金融（银行/基金/证券/期货/理财）	3.1	3.8	4.7	4.4	4.2	- 1.1
美术/设计/创意	3.0	3.3	3.5	3.3	3.2	- 0.2
电气/电子（不包括计算机）	3.0	3.0	3.1	3.2	3.2	- 0.2
计算机与数据处理	2.9	2.9	2.7	2.9	3.0	- 0.1
机械/仪器仪表	2.8	2.9	2.8	2.7	3.2	- 0.4
交通运输/邮电	2.6	2.4	2.4	2.5	1.9	0.7
幼儿与学前教育	2.5	2.2	1.9	1.7	1.4	1.1
生产/运营	2.4	2.1	2.0	1.9	1.6	0.8
中小学教育	2.1	2.1	1.9	1.9	1.7	0.4
媒体/出版	2.1	2.7	2.7	1.8	1.4	0.7
生物/化工	1.9	1.8	1.5	1.8	1.6	0.3
酒店/旅游/会展	1.9	1.8	1.5	1.5	1.7	0.2
房地产经营	1.9	2.0	2.1	2.1	2.0	- 0.1

续表

职业类名称	就业比例					
	2019 届	2018 届	2017 届	2016 届	2015 届	2019－2015 届
机动车机械/电子	1.8	1.9	2.1	2.1	2.3	－0.5
人力资源	1.8	1.8	1.6	1.6	1.5	0.3
职业/教育培训	1.6	1.2	1.1	1.1	1.3	0.3
农/林/牧/渔类	1.5	1.5	1.4	1.0	1.0	0.5
电力/能源	1.5	1.4	1.9	2.0	1.6	－0.1
物流/采购	1.4	1.6	1.4	1.7	1.7	－0.3
保险	1.4	1.6	1.8	1.6	1.8	－0.4
公安/检察/法院/经济执法	1.1	1.0	0.9	0.8	0.8	0.3
表演艺术/影视	1.1	0.9	0.7	0.8	0.8	0.3
工业安全与质量	1.0	0.9	0.9	0.9	1.1	－0.1
美容/健身	0.7	0.7	0.7	0.5	0.5	0.2
经营管理	0.7	0.7	0.7	0.7	0.8	－0.1
社区工作者	0.7	0.7	0.7	0.7	0.6	0.1
文化/体育	0.6	0.5	0.3	0.3	0.2	0.4
环境保护	0.6	0.7	0.6	0.5	0.5	0.1
服装/纺织/皮革	0.5	0.6	0.5	0.6	0.7	－0.2
测绘	0.4	0.5	0.5	0.6	0.8	－0.4
航空机械/电子	0.4	0.4	0.4	0.3	0.2	0.2
矿山/石油	0.4	0.4	0.3	0.3	0.3	0.1
船舶机械	0.3	0.1	0.1	0.1	0.4	－0.1
冶金材料	0.3	0.2	0.2	0.1	0.1	0.2
研究人员	0.2	0.2	0.2	0.2	0.1	0.1
公共关系	0.2	0.2	0.2	0.2	0.4	－0.2
翻译	0.2	0.1	0.1	0.1	0.3	－0.1
家用/办公电器维修	0.2	0.2	0.2	0.2	0.2	0.0

注：表中显示数字均保留一位小数，因为四舍五入进位，加起来可能不等于100%。

数据来源：麦可思－中国2015～2019届大学毕业生培养质量跟踪评价。

　　值得注意的是，在"媒体/出版"类岗位的就业增长主要是以直播、短视频、内容运营、新媒体策划为代表的职位需求增长，这类兼属新型和传统型的复合型职位对人才的"软技能"（沟通能力、管理能力、领导能力等）要求更高。

表 3 – 5　2019 届高职毕业生就业量最大的前 50 位职业

单位：%

职业名称	就业比例
文员	4.4
会计	4.2
护士	3.2
电子商务专员	2.2
幼儿教师	1.9
客服专员	1.8
建筑技术人员	1.8
各类销售服务人员	1.6
小学教师	1.5
房地产经纪人	1.5
营业员	1.4
室内设计师	1.4
教育培训人员	1.4
施工工程技术人员	1.3
行政秘书和行政助理	1.3
餐饮服务生	1.2
互联网开发人员	1.0
土木建筑工程技术人员	0.9
医生助理	0.9
测量技术人员	0.9
平面设计人员	0.8
预算员	0.8
出纳员	0.8
保险推销人员	0.7
销售经理	0.7
化学技术人员	0.7
推销员	0.7
化工厂系统操作人员	0.7
电厂操作人员	0.6
档案管理员	0.6
信息支持与服务人员	0.6
旅店服务人员	0.6

续表

职业名称	就业比例
计算机程序员	0.6
人力资源助理	0.6
销售代表（批发和制造业，不包括科技类产品）	0.5
招聘专职人员	0.5
餐饮服务主管	0.5
网上商家	0.5
收银员	0.5
车身修理技术人员	0.5
列车司机	0.5
工程造价人员	0.5
医学和临床实验室技术人员	0.5
销售代表（医疗用品）	0.5
管理工程技术人员	0.5
销售技术人员	0.5
警察	0.5
金融服务销售商	0.5
存货管理员（储藏室、库房的）	0.5
电气技术人员	0.5

数据来源：麦可思－中国 2019 届大学毕业生培养质量跟踪评价。

（四）主要职业的就业稳定性

职业转换：职业转换是指毕业生在毕业半年后从事某种职业，毕业三年后由原职业转换到不同的职业。转换职业通常在工作单位内部完成的并不代表离职；反过来讲，更换雇主可能也不代表转换职业。

职业转换率：职业转换率是指有多大比例的毕业生在毕业三年内转换了职业。其计算方法为：分母是毕业半年后有工作的毕业生数，分子是毕业三年后从事的职业与半年后从事的职业不同的毕业生数。

高职毕业生工作三年内有 48% 转换了职业，"双高"院校略低，2016 届"双高"院校高职毕业生工作三年内有 46% 转换了职业，其他高职院校为 48%（见图 3－7）。从各专业大类来看，旅游大类、文化艺术大类、装备制造大类高职毕业生毕业三年内的职业转换率较高（分别为 60%、55%、55%），医药卫生大类高职毕业生毕业三年内的职业转换率最低（30%）（见表 3－6）。

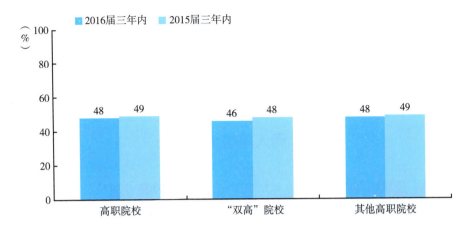

图 3 – 7　2016 届高职毕业三年内的职业转换率（与 2015 届三年内对比）

数据来源：麦可思 – 中国 2015 届、2016 届大学毕业生三年后职业发展跟踪评价，2015 届、2016 届大学毕业生培养质量跟踪评价。

表 3 – 6　2016 届高职各专业大类毕业三年内的职业转换率（与 2015 届三年内对比）

单位：%

高职专业大类名称	2016 届三年内职业转换率	2015 届三年内职业转换率
旅游大类	60	63
文化艺术大类	55	57
装备制造大类	55	55
食品药品与粮食大类	54	54
电子信息大类	52	56
农林牧渔大类	51	56
资源环境与安全大类	50	48
财经商贸大类	50	52
土木建筑大类	49	52
生物与化工大类	42	47
教育与体育大类	41	44
交通运输大类	39	40
能源动力与材料大类	35	37
医药卫生大类	30	28
全国高职	**48**	**49**

注：个别专业大类因为样本较少，没有包括在内。

数据来源：麦可思 – 中国 2015 届、2016 届大学毕业生三年后职业发展跟踪评价，2015 届、2016 届大学毕业生培养质量跟踪评价。

具体来看，旅游大类、装备制造大类高职生毕业半年后工作与专业相关的比例低于全国高职毕业生毕业半年后平均水平，职业转换也与岗位发展有关，文化艺术大类的就业覆盖面较广，岗位的流动性也较大；而医药卫生大类高职毕业生从事相关工作领域的比例较高，从业门槛也较高，相对比较稳定。

三 用人单位流向分析

民企是雇用高职毕业生的主力军，民营经济带动就业增长。高职毕业生在各类企业就业的比例近三年比较稳定，2019届高职毕业生在民营企业个体就业的比例（68%）最高，其后是国有企业（16%）、政府机构/科研或其他事业单位（10%）（见图3-8）。从各专业大类来看，文化艺术大类、新闻传播大类、财经商贸大类、电子信息大类在民营企业/个体就业更多，而能源动力与材料大类在国企就业更多，这也与各专业大类的人才培养目标定位有关（见图3-9）。

图3-8　2017~2019届高职毕业生就业的用人单位类型分布变化趋势

数据来源：麦可思－中国2017~2019届大学毕业生培养质量跟踪评价。

中小微企业是吸纳高职毕业生的重要载体，这也意味着，初创型企业针对应届高职毕业生释放了更多的就业机会。高职毕业生在各规模企业就业的比例近三年比较稳定，2019届高职毕业生在300人及以下的企业就业的比

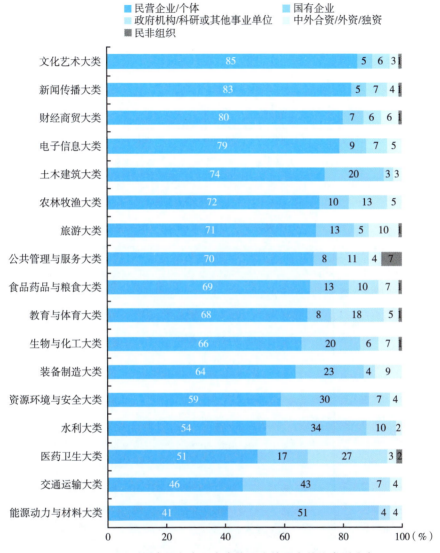

图 3-9　2019 届高职各专业大类毕业生的用人单位类型分布

注：个别专业大类因为样本较少，没有包括在内。
数据来源：麦可思－中国 2019 届大学毕业生培养质量跟踪评价。

例（62%）最高，其次是 3000 人以上的大企业（17%）（见图 3-10）。从各专业大类来看，教育与体育大类、文化艺术大类、新闻传播大类等 2019 届高职毕业生在 300 人及以下单位就业更多（见图 3-11）。

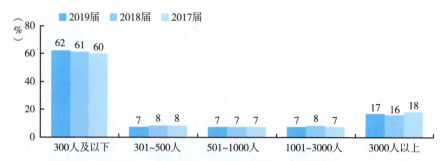

图 3-10 2017~2019 届高职毕业生就业的用人单位规模分布变化趋势

数据来源：麦可思-中国 2017~2019 届大学毕业生培养质量跟踪评价。

图 3-11 2019 届高职各专业大类毕业生的用人单位规模分布

注：个别专业大类因为样本较少，没有包括在内。

数据来源：麦可思-中国 2019 届大学毕业生培养质量跟踪评价。

四　专业预警分析

红牌专业指的是失业量较大，就业率、薪资和就业满意度综合较低的专业。黄牌专业指的是除红牌专业外，失业量较大，就业率、薪资和就业满意度综合较低的专业。绿牌专业指的是失业量较小，就业率、薪资和就业满意度综合较高的专业，为需求增长型专业。红黄绿牌专业反映的是全国总体情况，各省（区、市）、各高校情况可能会有差别。

2020 年高职毕业生就业绿牌专业包括：铁道机车、铁道工程技术、社会体育、电力系统继电保护与自动化技术、移动互联应用技术、发电厂及电力系统、物联网应用技术。其中，社会体育连续三届绿牌。行业需求增长是造就绿牌专业的主要因素。

2020 年高职毕业生就业红牌专业包括：法律事务、语文教育、烹调工艺与营养、小学教育、导游。其中，法律事务、语文教育连续三届红牌。这与相关专业毕业生供需矛盾有关。

表 3 – 7　2020 年高职"红黄绿牌"专业

红牌专业	黄牌专业	绿牌专业
法律事务	英语教育	铁道机车
语文教育	财务管理	铁道工程技术
烹调工艺与营养	审计	社会体育
小学教育	金融管理	电力系统继电保护与自动化技术
导游		移动互联应用技术
		发电厂及电力系统
		物联网应用技术

数据来源：麦可思 – 中国 2017 ~ 2019 届大学毕业生培养质量跟踪评价。

B.4
高职毕业生收入分析

摘　要： 职场薪资是毕业生就业竞争力和发展潜力的重要体现。通过分析就业初始薪资水平、就业中期薪资增长、不同地区及各类行业职业的薪资情况发现，应届毕业生薪资水平持续提升，工作五年的薪资是毕业时的2.4倍，教育回报在毕业三到五年进一步显现；交通运输大类、电子信息大类、装备制造大类月收入连续三届排名前三，薪资优势明显。毕业生薪资水平存在明显的地域差异，长三角和珠三角薪资水平始终保持领先地位；在新一线城市就业的毕业生在毕业时及工作三年的薪资均高于全国高职平均水平，体现了新一线城市的发展潜力。另外，民营企业在各类型用人单位中工作三年后薪资涨幅最大，体现了民企的发展潜力与活力。

关键词： 教育回报　薪资涨幅　地区收入差异　行业薪资水平

一　总体收入分析

毕业生薪资水平持续提升，"双高"院校与其他高职院校月收入①增长幅度基本一致。从近五年的数据来看，月收入在2018届突破4000元的基础上进一步提升到2019届的4295元（见图4-1），剔除通货膨胀因素的影响外，五年内薪资增长15.7%。另外，与城镇居民收入相比，2019届高职毕

------

① **月收入**：指工资、奖金、业绩提成、现金福利补贴等所有的月度现金收入。

业生月收入明显高于城镇居民 2019 年月均可支配收入① （3530 元）。

从不同院校类型来看，"双高"院校 2019 届高职毕业生毕业半年后月收入达到 4436 元，其他高职院校高职毕业生毕业半年月收入为 4270 元，剔除通货膨胀因素的影响外，五年内分别增长 15.9%、15.7%。"双高"院校和其他高职院校增长幅度差异不大（见图 4 -2）。

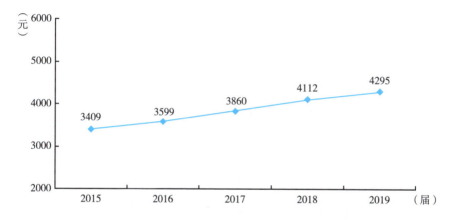

图 4 - 1　2015 ～ 2019 届高职生毕业半年后的月收入变化趋势

数据来源：麦可思 - 中国 2015 ～ 2019 届大学毕业生培养质量跟踪评价。

教育回报在就业中期进一步显现。从毕业生工作三年和工作五年②的薪资水平来看，工作三年的月收入达到 6379 元，与同届毕业半年（3599 元）相比涨幅达 77%（见图 4 - 3）；工作五年的月收入进一步提升 7788 元，与同届毕业半年（3200 元）相比涨幅达到 143%（见图4 - 4），远超同期城镇

---

① 城镇居民月均可支配收入数据来源于国家统计局的《中华人民共和国 2019 年国民经济和社会发展统计公报》。

② **工作三年和工作五年月收入**：分别指的是 2016 届大学生毕业三年后和 2014 届毕业五年后的月收入。

　　三年后月收入涨幅 =（毕业三年后的月收入 - 毕业半年后的月收入）/毕业半年后的月收入。

　　五年后月收入涨幅 =（毕业五年后的月收入 - 毕业半年后的月收入）/毕业半年后的月收入。

图 4－2　2015～2019 届各类高职院校毕业生毕业半年后的月收入变化趋势

数据来源：麦可思－中国 2015～2019 届大学毕业生培养质量跟踪评价。

居民和农民工薪资涨幅①（分别为 47%、38%）。

从不同院校类型来看，相对于毕业时月收入，"双高"院校和其他高职院校毕业生工作三年的月收入分别为 6610 元、6338 元，涨幅分别达到 76%、77%（见图 4－3）；工作五年月收入涨幅进一步提升，分别达到 147%、143%（见图 4－4）。

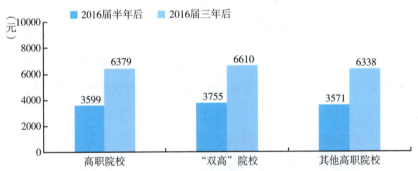

图 4－3　2016 届高职毕业生毕业三年后的月收入与涨幅

数据来源：麦可思－中国 2016 届大学毕业生三年后职业发展跟踪评价，2016 届大学毕业生培养质量跟踪评价。

---

① **城镇居民薪资涨幅** =（2019 年城镇居民月均可支配收入－2014 年城镇居民月均可支配收入）/2014 年城镇居民月均可支配收入，**农民工薪资涨幅** =（2019 年全国农民工月均收入－2014 年全国农民工月均收入）/2014 年全国农民工月均收入；城镇居民月均可支配收入、全国农民工月均收入数据来源于国家统计局相应年份的《中华人民共和国国民经济和社会发展统计公报》。

图4-4 2014届高职毕业生毕业五年后的月收入与涨幅

数据来源：麦可思-中国2014届大学毕业生五年后职业发展跟踪评价，2014届大学毕业生培养质量跟踪评价。

二 各专业收入分析

交通运输大类、电子信息大类、装备制造大类月收入连续三届排名前三。从各专业大类毕业半年后的月收入来看，交通运输大类月收入（5043元）最高，电子信息大类和装备制造大类月收入（分别为4642元、4637元）分列第二、三位（见表4-1）。从2016届毕业生毕业三年后的月收入来看，上述三大类专业继续保持前三位，其中电子信息大类（7335元）超过交通运输大类（7267元）排在第一位（见表4-2）。

表4-1 2017~2019届高职各专业大类毕业生毕业半年后的月收入

单位：元

高职专业大类名称	2019届	2018届	2017届
交通运输大类	5043	4691	4319
电子信息大类	4642	4474	4195
装备制造大类	4637	4436	4185
能源动力与材料大类	4551	4320	4033
生物与化工大类	4446	4175	3870
资源环境与安全大类	4358	4165	3929

续表

高职专业大类名称	2019 届	2018 届	2017 届
新闻传播大类	4320	4087	3806
文化艺术大类	4242	4139	3854
土木建筑大类	4239	4038	3776
水利大类	4222	3934	3523
财经商贸大类	4170	4005	3717
旅游大类	4163	4024	3761
农林牧渔大类	4154	3998	3709
公共管理与服务大类	4074	3911	3667
食品药品与粮食大类	4057	3763	3535
教育与体育大类	3858	3621	3418
医药卫生大类	3803	3649	3448
全国高职	**4295**	**4112**	**3860**

注：个别专业大类因为样本较少，没有包括在内。

数据来源：麦可思－中国 2017～2019 届大学毕业生培养质量跟踪评价。

表 4－2　2016 届高职各专业大类毕业生毕业三年后的月收入与涨幅

单位：元，%

高职专业大类名称	毕业三年后的平均月收入	毕业半年后的平均月收入	月收入涨幅
电子信息大类	7335	3939	86
交通运输大类	7267	3922	85
装备制造大类	6801	3860	76
土木建筑大类	6660	3489	91
文化艺术大类	6615	3655	81
能源动力与材料大类	6382	3670	74
财经商贸大类	6228	3485	79
资源环境与安全大类	6198	3769	64
旅游大类	6070	3462	75
生物与化工大类	6039	3590	68
农林牧渔大类	5994	3467	73
医药卫生大类	5545	3210	73
食品药品与粮食大类	5521	3363	64
教育与体育大类	5338	3336	60
全国高职	**6379**	**3599**	**77**

注：个别专业大类因为样本较少，没有包括在内。

数据来源：麦可思－中国 2016 届大学毕业生三年后职业发展跟踪评价，2016 届大学毕业生培养质量跟踪评价。

铁道运输类专业月收入持续领跑，食品药品管理类月收入增长最快。从主要专业类毕业生毕业半年后的月收入来看，铁道运输类专业类连续三届保持第一，2019 届月收入达到 5109 元；计算机类、水上运输类月收入排在第二和第三位，月收入分别为 4883 元、4763 元（见表 4－3）。

表 4－3　2017～2019 届高职主要专业类毕业生毕业半年后的月收入

单位：元

高职专业类名称	2019 届	2018 届	2017 届
铁道运输类	5109	4902	4738
计算机类	4883	4609	4232
水上运输类	4763	4438	4185
机电设备类	4762	4404	4152
机械设计制造类	4707	4506	4190
化工技术类	4673	4292	3988
电子信息类	4657	4373	4103
市场营销类	4613	4412	4097
表演艺术类	4584	4362	4156
电力技术类	4584	4345	4067
道路运输类	4520	4211	3951
城市轨道交通类	4494	4146	3892
电子商务类	4490	4378	4028
通信类	4474	4146	3983
测绘地理信息类	4460	4304	3989
自动化类	4449	4289	4068
语言类	4419	4027	3799
汽车制造类	4406	4285	3972
工商管理类	4403	4198	3877
物流类	4381	4198	3883
市政工程类	4352	4082	3781
广播影视类	4347	4087	3806
金融类	4277	4139	3979
建筑设备类	4276	4083	3732
土建施工类	4256	4045	3794
艺术设计类	4229	4126	3837

续表

高职专业类名称	2019 届	2018 届	2017 届
经济贸易类	4224	4021	3877
林业类	4194	3976	3701
畜牧业类	4168	4018	3691
食品药品管理类	4167	3777	3544
旅游类	4163	4025	3757
生物技术类	4157	4014	3685
建设工程管理类	4157	4005	3704
康复治疗类	4055	3768	3605
房地产类	4044	3827	3725
公共管理类	4029	3927	3682
药品制造类	4004	3702	3498
医学技术类	3978	3836	3712
公共事业类	3976	3832	3545
食品工业类	3939	3831	3576
护理类	3918	3761	3537
农业类	3830	3603	3448
财务会计类	3828	3685	3432
建筑设计类	3764	3635	3474
药学类	3741	3519	3362
教育类	3466	3239	3115
临床医学类	3393	3245	3028
全国高职	**4295**	**4112**	**3860**

注：个别专业类因为样本较少，没有包括在内。

数据来源：麦可思－中国 2017～2019 届大学毕业生培养质量跟踪评价。

另外，从近三年月收入的趋势变化来看，食品药品管理类月收入增长最快，与 2017 届相比增长 17.6%（见表 4-4）。

毕业三年后铁道运输类、计算机类、电子信息类专业月收入优势明显，计算机、土建施工类相关专业薪资涨幅最高。从主要专业类毕业三年后的月收入来看，铁道运输类、计算机类、电子信息类月收入排名前三，月收入均突破 7000 元。随着人工智能等新兴产业的不断发展，就业市场对计算机类、电子信息类等专业相关人才需求旺盛，其薪资优势进一步体现。

表 4 – 4   2019 届高职毕业生毕业半年后月收入增长最快的前十位专业类
（与 2017 届对比）

单位：%，元

高职专业类名称	增长率①	2019 届	2017 届
食品药品管理类	17.6	4167	3544
化工技术类	17.2	4673	3988
语言类	16.3	4419	3799
城市轨道交通类	15.5	4494	3892
计算机类	15.4	4883	4232
市政工程类	15.1	4352	3781
机电设备类	14.7	4762	4152
建筑设备类	14.6	4276	3732
药品制造类	14.5	4004	3498
道路运输类	14.4	4520	3951
全国高职	**11.3**	**4295**	**3860**

①月收入的增长率 =（2019 届毕业生的平均月收入 – 2017 届毕业生的平均月收入）/2017 届毕业生的平均月收入。月收入增长的幅度可能会受到基数的影响。

注：个别专业类因为样本较少，没有包括在内。

数据来源：麦可思–中国 2017 届、2019 届大学毕业生培养质量跟踪评价。

表 4 – 5   2019 届高职毕业生毕业半年后月收入增长最慢的前十位专业类
（与 2017 届对比）

单位：%，元

高职专业类名称	增长率	2019 届	2017 届
医学技术类	7.2	3978	3712
金融类	7.5	4277	3979
铁道运输类	7.8	5109	4738
建筑设计类	8.3	3764	3474
房地产类	8.6	4044	3725
经济贸易类	9.0	4224	3877
自动化类	9.4	4449	4068
公共管理类	9.4	4029	3682
艺术设计类	10.2	4229	3837
食品工业类	10.2	3939	3576
全国高职	**11.3**	**4295**	**3860**

注：个别专业类因为样本较少，没有包括在内。

数据来源：麦可思–中国 2017 届、2019 届大学毕业生培养质量跟踪评价。

另外，从薪资增幅来看，计算机类、土建施工类、建筑设计类专业毕业三年后月收入相比半年后涨幅最高，均达到92%（见表4-6）。

表4-6　2016届高职主要专业类毕业三年后的月收入与涨幅

单位：元，%

高职专业类名称	毕业三年后的平均月收入	毕业半年后的平均月收入	月收入涨幅
铁道运输类	7665	4349	76
计算机类	7626	3968	92
电子信息类	7173	3924	83
市场营销类	6998	3972	76
道路运输类	6857	3765	82
土建施工类	6810	3555	92
机械设计制造类	6807	3909	74
自动化类	6791	3866	76
艺术设计类	6745	3629	86
电子商务类	6734	3798	77
通信类	6711	3841	75
测绘地理信息类	6605	3841	72
工商管理类	6588	3669	80
汽车制造类	6520	3801	72
机电设备类	6514	3839	70
建筑设计类	6470	3367	92
建设工程管理类	6461	3407	90
城市轨道交通类	6459	3666	76
建筑设备类	6433	3469	85
电力技术类	6377	3568	79
经济贸易类	6298	3691	71
物流类	6242	3705	68
金融类	6182	3861	60
化工技术类	6115	3725	64
畜牧业类	6046	3555	70
房地产类	6004	3621	66
旅游类	5925	3485	70
语言类	5846	3565	64
医学技术类	5820	3509	66
农业类	5775	3316	74

续表

高职专业类名称	毕业三年后的平均月收入	毕业半年后的平均月收入	月收入涨幅
公共管理类	5761	3468	66
药品制造类	5688	3272	74
护理类	5601	3267	71
财务会计类	5494	3209	71
食品工业类	5382	3421	57
临床医学类	5255	2940	79
药学类	5113	3210	59
教育类	4612	2955	56
全国高职	**6379**	**3599**	**77**

注：个别专业类因为样本较少，没有包括在内。

数据来源：麦可思－中国2016届大学毕业生三年后职业发展跟踪评价，2016届大学毕业生培养质量跟踪评价。

高职专业毕业半年后月收入50强排行榜中，电子信息大类、装备制造大类、交通运输大类专业入榜最多。其中，排在前十位的专业有9席来自交通运输和电子信息大类。例如：交通运输大类的空中乘务、铁道工程技术、铁道机车、铁道供电技术、航海技术、铁道交通运营管理专业，电子信息大类的软件技术、计算机应用技术、计算机网络技术专业，其月收入具有明显优势（见表4-7）。

表4-7　2019届高职生毕业半年后月收入排前50位的主要专业

单位：元

高职专业名称	毕业半年后的平均月收入	高职专业名称	毕业半年后的平均月收入
空中乘务	5777	计算机应用技术	4882
铁道工程技术	5402	计算机网络技术	4868
铁道机车	5344	信息安全与管理	4847
铁道供电技术	5222	数控设备应用与维护	4827
社会体育	5215	石油化工技术	4796
软件技术	5145	机械制造与自动化	4779
航海技术	5096	汽车制造与装配技术	4751
铁道交通运营管理	4972	电力系统继电保护与自动化技术	4730

续表

高职专业名称	毕业半年后的平均月收入	高职专业名称	毕业半年后的平均月收入
道路桥梁工程技术	4729	会展策划与管理	4576
数控技术	4720	应用化工技术	4571
轮机工程技术	4708	材料工程技术	4567
物联网应用技术	4702	汽车车身维修技术	4544
医学美容技术	4681	发电厂及电力系统	4542
移动互联应用技术	4669	电力系统自动化技术	4535
市场营销	4664	移动通信技术	4530
电子信息工程技术	4659	城市轨道交通机电技术	4526
焊接技术与自动化	4642	工程测量技术	4515
汽车营销与服务	4638	电子商务	4490
城市轨道交通工程技术	4630	动漫制作技术	4467
机械设计与制造	4618	市政工程技术	4458
计算机信息管理	4615	模具设计与制造	4456
商务日语	4615	通信技术	4456
数字媒体应用技术	4609	电气自动化技术	4453
应用电子技术	4602	音乐表演	4441
机电设备维修与管理	4596	**全国高职**	**4295**
工业机器人技术	4592		

注：毕业生规模过小的专业不包括在此排序中。

数据来源：麦可思－中国2019届大学毕业生培养质量跟踪评价。

三　就业地收入分析

毕业生薪资水平存在明显的地域差异，泛长三角和泛珠三角地区起薪高、涨幅大。从毕业半年后在各经济区域就业的月收入来看，泛长三角和泛珠三角月收入优势明显，2019届毕业生月收入分别达到4770元、4535元（见表4－8）。另外，从2016届毕业生三年后在各经济区域就业的月收入来看，泛珠三角、泛长三角薪资依然处于较高水平，工作三年后的月收入分别达到6974元、6805元；同时，与毕业时月收入相比，月收入涨幅（均为83%）在各大区域经济体中最高（见表4－9）。

表4-8　2017～2019届高职生毕业半年后在各经济区域就业的月收入变化趋势

单位：元

经济区域	2019届	2018届	2017届
泛长江三角洲区域经济体	4770	4476	4191
泛珠江三角洲区域经济体	4535	4392	4088
西部生态经济区	4359	4107	3805
泛渤海湾区域经济体	4355	4150	3882
西南区域经济体	3971	3858	3628
中原区域经济体	3919	3770	3559
陕甘宁青区域经济体	3750	3602	3428
东北区域经济体	3729	3626	3411
全国高职	**4295**	**4112**	**3860**

数据来源：麦可思-中国2017～2019届大学毕业生培养质量跟踪评价。

表4-9　2016届高职生毕业三年后在各经济区域就业的月收入与涨幅

单位：元，%

经济区域	毕业三年后的平均月收入	毕业半年后的平均月收入	月收入涨幅
泛长江三角洲区域经济体	6974	3821	83
泛珠江三角洲区域经济体	6805	3719	83
西南区域经济体	6297	3520	79
泛渤海湾区域经济体	6210	3564	74
中原区域经济体	5936	3337	78
陕甘宁青区域经济体	5934	3260	82
东北区域经济体	5567	3226	73
全国高职	**6379**	**3599**	**77**

注：西部生态经济区因为样本较少，没有包括在内。

数据来源：麦可思-中国2016届大学毕业生三年后职业发展跟踪评价，2016届大学毕业生培养质量跟踪评价。

　　一线城市薪资优势明显，新一线城市发展潜力进一步显现。从近五年应届毕业生在一线、新一线城市就业的月收入来看，一线城市和新一线城市的薪资水平持续提升，2019届分别达到5313元、4412元，均高于全国高职平均水平（4295元）（见图4-5）。

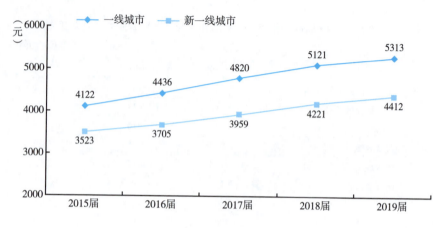

**图4-5　2015~2019届高职生毕业半年后在一线、新一线城市
就业的月收入变化趋势**

数据来源：麦可思-中国2015~2019届大学毕业生培养质量跟踪评价。

另外，从2016届毕业三年后的月收入来看，一线城市、新一线城市的月收入分别达到8386元、6629元，也高于全国高职平均水平（6379元）（见图4-6）。随着新一线城市新兴产业的飞速发展和对人才吸引力的进一步增强，新一线城市的薪资优势也将进一步体现。

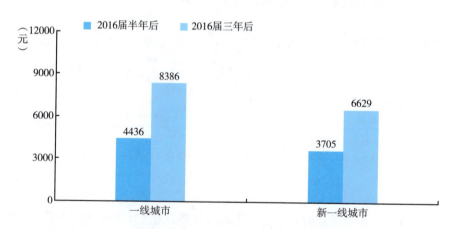

图4-6　2016届高职生毕业三年后在一线、新一线城市就业的月收入

数据来源：麦可思-中国2016届大学毕业生三年后职业发展跟踪评价，2016届大学毕业生培养质量跟踪评价。

四 行业、职业收入分析

运输行业月收入持续领跑行业薪酬榜，金融、房地产行业月收入增速放缓。从毕业生半年后在主要行业类的月收入来看，运输业月收入连续三届排在首位，2019届达到5458元，领先于其他行业较多；同时，其薪资增长最快，相比于2017届月收入增长20.3%。另外，信息传输、软件和信息技术服务业月收入也较高，排在第二位，信息产业作为拉动经济转型的重要引擎，对人才的需求旺盛，薪资具有较大优势。而受金融市场环境、房地产调控政策的影响，金融、房地产相关行业薪资增长有所减弱，相比于2017届薪资增长只有4.0%，与高职平均水平（11.3%）差距明显（见表4-10、表4-11、表4-12）。

表4-10　2017～2019届高职生毕业半年后在主要行业类的月收入

单位：元

高职行业类名称	2019届	2018届	2017届
运输业	5458	4988	4536
信息传输、软件和信息技术服务业	4996	4805	4387
电子电气设备制造业（含计算机、通信、家电等）	4710	4412	4129
金融业	4601	4564	4422
电力、热力、燃气及水生产和供应业	4587	4250	3859
交通运输设备制造业	4565	4265	4048
文化、体育和娱乐业	4551	4377	4054
机械设备制造业	4488	4257	3948
初级金属制造业	4472	4111	3860
邮递、物流及仓储业	4451	4205	3827
房地产开发及租赁业	4427	4419	4257
其他制造业	4424	4269	3901
化学品、化工、塑胶制造业	4392	4019	3754
批发业	4364	4113	3911
医药及设备制造业	4359	4067	3810
零售业	4336	4125	3840

续表

高职行业类名称	2019 届	2018 届	2017 届
家具制造业	4313	4208	3916
采矿业	4204	3909	3746
农、林、牧、渔业	4140	3880	3633
食品、烟草、加工业	4108	3823	3570
纺织、服装、皮革制造业	4099	3896	3598
各类专业设计与咨询服务业	4068	4033	3755
行政、商业和环境保护辅助业	4056	3957	3641
玻璃黏土、石灰水泥制品业	4055	3809	3590
建筑业	4039	3847	3574
居民服务、修理和其他服务业	4034	3914	3644
住宿和餐饮业	3997	3897	3577
政府及公共管理	3796	3581	3368
医疗和社会护理服务业	3718	3594	3324
教育业	3683	3439	3239
全国高职	**4295**	**4112**	**3860**

注：个别行业类因为样本较少，没有包括在内。

数据来源：麦可思－中国 2017～2019 届大学毕业生培养质量跟踪评价。

表 4－11　2019 届高职生毕业半年后月收入增长最快的前五位行业类（与 2017 届对比）

单位：%，元

高职行业类名称	增长率	2019 届	2017 届
运输业	20.3	5458	4536
电力、热力、燃气及水生产和供应业	18.9	4587	3859
化学品、化工、塑胶制造业	17.0	4392	3754
邮递、物流及仓储业	16.3	4451	3827
初级金属制造业	15.9	4472	3860
全国高职	**11.3**	**4295**	**3860**

注：毕业生规模过小的行业类不包括在此排序中。

数据来源：麦可思－中国 2017 届、2019 届大学毕业生培养质量跟踪评价。

表4-12　2019届高职生毕业半年后月收入增长最慢的前五位行业类
（与2017届对比）

单位：%，元

高职行业类名称	增长率	2019届	2017届
金融业	4.0	4601	4422
房地产开发及租赁业	4.0	4427	4257
各类专业设计与咨询服务业	8.3	4068	3755
家具制造业	10.1	4313	3916
居民服务、修理和其他服务业	10.7	4034	3644
全国高职	**11.3**	**4295**	**3860**

注：毕业生规模过小的行业类不包括在此排序中。

数据来源：麦可思－中国2017届、2019届大学毕业生培养质量跟踪评价。

从2016届毕业三年后的月收入来看，排在前三位的是信息传输、软件和信息技术服务业，金融业，文化、体育和娱乐业，月收入均突破7000元。其中，信息传输、软件和信息技术服务业、文化、体育和娱乐业与毕业半年后月收入相比涨幅均在90%以上（见表4-13）。

表4-13　2016届高职生毕业三年后在主要行业类的月收入与涨幅

单位：元，%

高职行业类名称	毕业三年后的平均月收入	毕业半年后的平均月收入	月收入涨幅
信息传输、软件和信息技术服务业	7865	4076	93
金融业	7387	4139	78
文化、体育和娱乐业	7262	3810	91
运输业	6991	4113	70
房地产开发及租赁业	6848	4100	67
各类专业设计与咨询服务业	6569	3447	91
零售业	6551	3594	82
批发业	6498	3601	80
建筑业	6489	3271	98
家具制造业	6439	3655	76
交通运输设备制造业	6417	3860	66
电子电气设备制造业（含计算机、通信、家电等）	6386	3816	67

续表

高职行业类名称	毕业三年后的平均月收入	毕业半年后的平均月收入	月收入涨幅
住宿和餐饮业	6302	3353	88
电力、热力、燃气及水生产和供应业	6279	3622	73
医药及设备制造业	6173	3514	76
邮递、物流及仓储业	6085	3642	67
纺织、服装、皮革制造业	5982	3310	81
食品、烟草、加工业	5980	3441	74
机械设备制造业	5970	3616	65
农、林、牧、渔业	5881	3452	70
其他制造业	5880	3561	65
居民服务、修理和其他服务业	5872	3363	75
医疗和社会护理服务业	5839	3155	85
采矿业	5614	3596	56
化学品、化工、塑胶制造业	5591	3513	59
行政、商业和环境保护辅助业	5520	3372	64
初级金属制造业	5276	3600	47
教育业	5275	3073	72
政府及公共管理	5040	3207	57
全国高职	**6379**	**3599**	**77**

注：个别行业类因为样本较少，没有包括在内。

数据来源：麦可思－中国 2016 届大学毕业生三年后职业发展跟踪评价，2016 届大学毕业生培养质量跟踪评价。

月收入排名前十位的行业主要集中在航空铁路运输、计算机互联网相关领域。其中，航空铁路运输涵盖航空运输服务业、铁路运输业、铁路运输服务业、铁路机车制造业、航空产品和零件制造业，其中，航空运输服务业薪资水平位居榜首，达到 6269 元；计算机互联网相关领域包括软件开发业，计算机系统设计服务业，数据处理、托管和相关服务业，互联网运营与网络搜索引擎业，在线购物及邮购业。航空铁路运输、计算机互联网相关行业薪资优势明显（见图 4-7）。

交通运输/邮电类职业薪资最高，教育相关职业月收入增长较快。从毕业生半年后从事的主要职业类的月收入来看，交通运输/邮电职业月收入（5205 元）在 2019 届升至第一位。同时，相比于 2017 届月收入增长最快，达到 20.2%，排在月收入增长最快的十大职业类榜首。

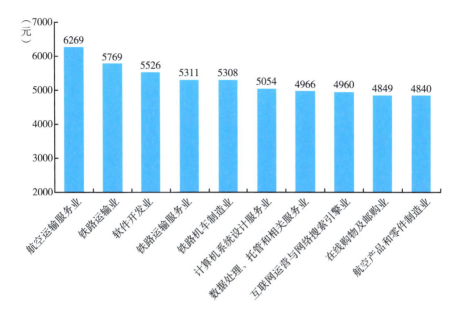

图 4 - 7　2019 届高职生毕业半年后月收入最高的前十位行业

注：毕业生规模过小的行业不包括在此排序中。

数据来源：麦可思 - 中国 2019 届大学毕业生培养质量跟踪评价。

　　另外，教育相关职业薪资增长较快，中小学教育、幼儿与学前教育职业在月收入增长最快的前十位职业类中排进前五，与 2017 届月收入相比，分别增长 18.4%、16.6%。随着国家对幼儿教师及义务教育教师队伍建设的加强和提高教师待遇相关政策的进一步落实，教育相关职业的薪资增长有所体现。

表 4 - 14　2017～2019 届高职生毕业半年后从事的主要职业类的月收入

单位：元

高职职业类名称	2019 届	2018 届	2017 届
交通运输/邮电	5205	4782	4330
航空机械/电子	5202	4999	4625
经营管理	5186	5126	4818
计算机与数据处理	4974	4851	4541
互联网开发及应用	4969	4821	4501
房地产经营	4861	4747	4665

续表

高职职业类名称	2019 届	2018 届	2017 届
美容/健身	4830	4766	4408
表演艺术/影视	4814	4512	4332
电气/电子(不包括计算机)	4680	4415	4172
矿山/石油	4667	4327	4133
金融(银行/基金/证券/期货/理财)	4666	4607	4514
生产/运营	4621	4473	4187
销售	4493	4388	4121
保险	4487	4180	3995
机械/仪器仪表	4445	4221	4004
媒体/出版	4443	4126	3932
工业安全与质量	4433	4110	3894
物流/采购	4432	4040	3836
电力/能源	4431	4143	3940
职业/教育培训	4429	4256	3876
生物/化工	4403	4086	3864
文化/体育	4307	4039	3884
人力资源	4175	3915	3719
测绘	4171	3923	3734
机动车机械/电子	4155	3821	3562
餐饮/娱乐	4150	4022	3769
建筑工程	4144	3978	3698
美术/设计/创意	4143	3968	3743
农/林/牧/渔类	4112	3889	3644
服装/纺织/皮革	4101	3874	3666
环境保护	4032	3721	3566
酒店/旅游/会展	3985	3831	3620
公安/检察/法院/经济执法	3893	3578	3407
行政/后勤	3835	3646	3404
财务/审计/税务/统计	3770	3666	3388
中小学教育	3761	3458	3177
社区工作者	3758	3694	3445
医疗保健/紧急救助	3709	3454	3278
幼儿与学前教育	3415	3220	2930
全国高职	**4295**	**4112**	**3860**

注：个别职业类因为样本较少，没有包括在内。

数据来源：麦可思–中国2017~2019届大学毕业生培养质量跟踪评价。

表 4-15 2019 届高职生毕业半年后月收入增长最快的前十位职业类
（与 2017 届对比）

单位：% ，元

高职职业类名称	增长率	2019 届	2017 届
交通运输/邮电	20.2	5205	4330
中小学教育	18.4	3761	3177
机动车机械/电子	16.6	4155	3562
幼儿与学前教育	16.6	3415	2930
物流/采购	15.5	4432	3836
职业/教育培训	14.3	4429	3876
公安/检察/法院/经济执法	14.3	3893	3407
生物/化工	13.9	4403	3864
工业安全与质量	13.8	4433	3894
环境保护	13.1	4032	3566
全国高职	**11.3**	**4295**	**3860**

注：毕业生规模过小的职业类不包括在此排序中。

数据来源：麦可思－中国 2017 届、2019 届大学毕业生培养质量跟踪评价。

表 4-16 2019 届高职生毕业半年后月收入增长最慢的前十位职业类
（与 2017 届对比）

单位：% ，元

高职职业类名称	增长率	2019 届	2017 届
金融(银行/基金/证券/期货/理财)	3.4	4666	4514
房地产经营	4.2	4861	4665
经营管理	7.6	5186	4818
销售	9.0	4493	4121
社区工作者	9.1	3758	3445
计算机与数据处理	9.5	4974	4541
美容/健身	9.6	4830	4408
餐饮/娱乐	10.1	4150	3769
酒店/旅游/会展	10.1	3985	3620
生产/运营	10.4	4621	4187
全国高职	**11.3**	**4295**	**3860**

注：毕业生规模过小的职业类不包括在此排序中。

数据来源：麦可思－中国 2017 届、2019 届大学毕业生培养质量跟踪评价。

从 2016 届毕业生三年后从事的主要职业类的月收入与涨幅来看，薪资水平排在前三位的是互联网开发及应用、经营管理、计算机与数据处理，三年后月收入均在 8000 元左右。其中，互联网开发及应用、计算机与数据处理职业相较于半年后，月收入涨幅均超过 90%，分别达到 95%、91%，毕业三年后薪资涨幅较高。

表 4 – 17　2016 届高职生毕业三年后从事的主要职业类的月收入与涨幅

单位：元，%

高职职业类名称	毕业三年后的平均月收入	毕业半年后的平均月收入	月收入涨幅
互联网开发及应用	8362	4285	95
经营管理	8286	4557	82
计算机与数据处理	7980	4188	91
房地产经营	7940	4494	77
销售	7560	3855	96
金融(银行/基金/证券/期货/理财)	7224	4264	69
美术/设计/创意	6817	3410	100
餐饮/娱乐	6662	3484	91
交通运输/邮电	6657	3954	68
建筑工程	6623	3423	93
电气/电子(不包括计算机)	6469	3814	70
媒体/出版	6468	3694	75
生产/运营	6437	3878	66
电力/能源	6250	3702	69
测绘	6201	3574	74
保险	6114	3809	61
机械/仪器仪表	6034	3767	60
机动车机械/电子	6032	3430	76
酒店/旅游/会展	6030	3370	79
工业安全与质量	6027	3720	62
生物/化工	6020	3681	64
农/林/牧/渔类	5928	3445	72
教育/职业培训	5789	3462	67
物流/采购	5760	3711	55
人力资源	5711	3486	64
医疗保健/紧急救助	5612	3111	80

高职职业类名称	毕业三年后的平均月收入	毕业半年后的平均月收入	月收入涨幅
公安/检察/法院/经济执法	5544	3220	72
财务/审计/税务/统计	5385	3114	73
中小学教育	4757	3030	57
社区工作者	4658	3248	43
幼儿与学前教育	4608	2706	70
行政/后勤	4495	3199	41
全国高职	**6379**	**3599**	**77**

注：个别职业类因为样本较少，没有包括在内。

数据来源：麦可思－中国2016届大学毕业生三年后职业发展跟踪评价，2016届大学毕业生培养质量跟踪评价。

计算机、互联网相关职业在排名前五的职业中占据三席，包括互联网开发人员、计算机程序员、计算机系统软件工程技术人员，月收入分别为6093元、5741元、5597元。

表4－18　2019届高职生毕业半年后月收入最高的前50位职业

单位：元

职业名称	毕业半年后的平均月收入
互联网开发人员	6093
计算机程序员	5741
运营经理	5669
项目经理	5628
计算机系统软件工程技术人员	5597
健身教练和健身操指导员	5505
计算机软件应用工程技术人员	5446
市场经理	5433
销售经理	5378
民用航空器维护人员	5345
列车司机	5280
铁路闸、铁路信号和转辙器操作人员	5240
铁轨铺设及维护设备操作人员	5218
职业规划师	5215
软件质量保证和测试工程技术人员	5065
贷款顾问	5057

续表

职业名称	毕业半年后的平均月收入
个人理财顾问	5026
金融服务销售商	5015
航空维护与操作技术人员	4983
网络设计人员	4959
工业工程技术人员	4950
工业机器人系统操作人员	4940
房地产经纪人	4935
计算机技术支持人员	4909
电子工程技术人员	4887
化工厂系统操作人员	4883
网上商家	4866
体育教练	4863
交通技术人员	4822
网络管理人员	4817
销售代表（医疗用品）	4816
机电工程技术人员	4813
证券、商品和金融服务销售代理	4810
一线销售经理（零售）	4806
机械装配技术人员	4804
职业培训师	4751
电气和电子运输设备安装者和修理技术人员	4750
半导体加工人员	4725
美容师	4710
仓储主管	4709
市场专员	4704
销售技术人员	4697
工业机械技术人员	4695
计算机硬件工程技术人员	4694
机械维护技术人员	4694
电子商务专员	4686
安全和火警系统安装人员	4681
计算机网络管理人员	4680
销售代表（机械设备和零件）	4651
餐饮服务主管	4624
全国高职	**4295**

注：毕业生规模过小的职业不包括在此排序中。

数据来源：麦可思-中国2019届大学毕业生培养质量跟踪评价。

五　用人单位收入分析

毕业初期，国有企业薪资水平最高；毕业三年后，民营企业/个体薪资涨幅最大。具体来看，国有企业初期薪资持续领先于其他类型企业，2019届月收入达到4760元（见图4-8）。

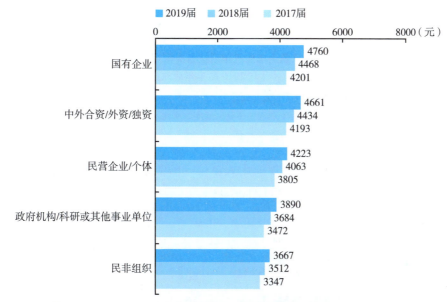

图4-8　2017～2019届高职生毕业半年后在各类型用人单位的月收入

数据来源：麦可思-中国2017～2019届大学毕业生培养质量跟踪评价。

毕业三年后，中外合资/外资/独资月收入（6629元）最高；民营企业/个体薪资涨幅（84%）最大，工作三年月收入（6540元）基本追平中外合资/外资/独资企业（6629元）（见图4-9）。民营企业/个体作为吸纳毕业生就业的主体，其月收入高增长的特点体现了民企的发展潜力与活力。

毕业初期，企业规模越大薪资水平越高；毕业三年后，小微企业薪资涨幅最大。具体来看，毕业半年后3000人以上规模用人单位的薪资水平最高，2019届达到5036元；50人及以下规模用人单位的薪资水平最低，为3932元（见图4-10）。而毕业三年后，50人及以下规模小微企业的薪资涨幅

图 4 – 9　2016 届高职生毕业三年后在各类型用人单位的月收入
（与 2016 届半年后对比）

注：民非组织因为样本较少，没有包括在内。

数据来源：麦可思 – 中国 2016 届大学毕业生三年后职业发展跟踪评价，2016 届大学毕业生培养质量跟踪评价。

（88%）最大，明显高于其他规模用人单位（67%～75%），小微企业在毕业三年后发展潜力有所体现（见图 4－11）。

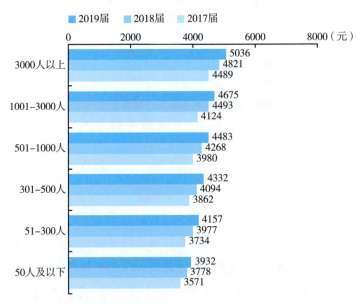

图 4 – 10　2017～2019 届高职生毕业半年后在各规模用人单位的月收入

数据来源：麦可思 – 中国 2017～2019 届大学毕业生培养质量跟踪评价。

图 4 – 11 2016 届高职生毕业三年后在各规模用人单位的月收入
（与 2016 届半年后对比）

数据来源：麦可思 – 中国 2016 届大学毕业生三年后职业发展跟踪评价，2016 届大学毕业生培养质量跟踪评价。

B.5
高职毕业生就业满意度分析

摘　要： 就业满意度是毕业生基于工作内容、工作环境、薪资收入、晋升空间等相关因素的主观认识和情感体验，是衡量就业质量的重要指标。通过对就业初期及中期就业感受、不同地区及各类行业职业的就业满意度分析发现，应届毕业生就业满意度持续上升，工作三年后就业满意度进一步提升。其中，就业初期，交通运输大类、农林牧渔大类就业满意度并列第一；毕业三年后，教育与体育大类就业满意度跃居首位。各大行业中，就业初期运输行业就业满意度最高，毕业三年后教育行业就业满意度最高；而制造相关行业及采矿业的就业满意度相对较低。

关键词： 就业质量　就业感受　行业、职业就业满意度

一　总体就业满意度

高职毕业生的就业满意度①持续上升，其他高职院校与"双高"院校的差距逐渐缩小。从近五年的数据来看，就业满意度由2015届的61%持续上升至2019届的66%（见图5－1）。

---

① **就业满意度**：由就业的毕业生对自己目前的就业现状进行主观判断，选项有"很满意""满意""不满意""很不满意""无法评估"共五项。其中，选择"满意"或"很满意"的人属于对就业现状满意，选择"不满意"或"很不满意"的人属于对就业现状不满意。

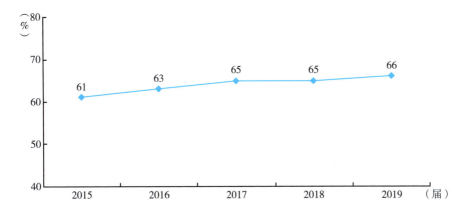

图5-1 2015~2019届高职生毕业半年后的就业满意度变化趋势

数据来源：麦可思－中国2015~2019届大学毕业生培养质量跟踪评价。

从不同院校类型来看，"双高"院校、其他高职院校毕业生的就业满意度变化趋势和高职院校总体基本一致。另外，其他高职院校与"双高"院校的差距逐渐缩小，2015届两者差距在4个百分点，2019届差距逐渐缩小，降至2个百分点（见图5-2）。

图5-2 2015~2019届各类高职院校毕业生半年后的就业满意度变化趋势

数据来源：麦可思－中国2015~2019届大学毕业生培养质量跟踪评价。

工作三年后毕业生就业满意度进一步提升。具体来看，2016届高职毕业生在毕业半年后的满意度为63%，毕业三年后就业满意度上升了4个百分点，达到67%。从不同院校类型来看，"双高"院校毕业三年后的就业满意度（69%）相对较高，比半年后（66%）高3个百分点；其他高职院校毕业生毕业三年后的就业满意度为66%，比毕业半年后（62%）高4个百分点（见图5-3）。

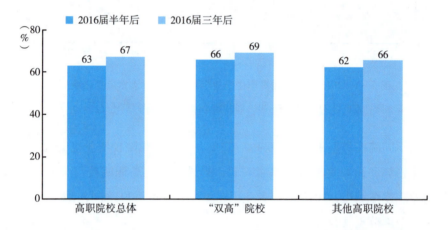

图5-3 2016届高职生毕业三年后的就业满意度（与2016届半年后对比）

数据来源：麦可思-中国2016届大学毕业生三年后职业发展跟踪评价，2016届大学毕业生培养质量跟踪评价。

薪资水平和发展空间是影响毕业生就业感受的主要因素。从毕业生对就业现状不满意的原因来看，因收入低对就业不满意的比例接近七成（2019届68%），因发展空间不够对就业不满意的比例也超过半数（2019届52%）（见图5-4）。大学生刚毕业对就业现状认识不清，个人期待与现实之间存在差距是毕业生初入职场的普遍现象，高校在注重大学生专业知识和能力培养的同时，也需要进一步完善职业规划辅导。

二　各专业就业满意度

毕业半年后，2019届毕业生交通运输大类、农林牧渔大类就业满意度

图 5 – 4　2018 届、2019 届高职毕业生对就业现状不满意的原因

数据来源：麦可思 – 中国 2018 届、2019 届大学毕业生培养质量跟踪评价。

并列第一（见表 5 –1）；毕业三年后，教育与体育大类就业满意度跃居首位。毕业三年后，教育与体育大类专业的就业满意度相较于半年后（65%）上升了 8 个百分点，达到 73%，在各专业大类就业满意度排名中位列第一（见表 5 –2）。

表 5 –1　2017 ～ 2019 届高职各专业大类毕业半年后的就业满意度

单位：%

高职专业大类名称	2019 届	2018 届	2017 届
交通运输大类	70	68	67
农林牧渔大类	70	68	67
新闻传播大类	69	68	68
生物与化工大类	68	66	65
食品药品与粮食大类	68	68	66
教育与体育大类	68	67	68

续表

高职专业大类名称	2019 届	2018 届	2017 届
文化艺术大类	67	67	67
旅游大类	67	66	66
财经商贸大类	66	65	66
医药卫生大类	66	65	65
能源动力与材料大类	66	64	64
土木建筑大类	66	65	64
资源环境与安全大类	65	63	61
水利大类	65	64	63
装备制造大类	65	64	64
电子信息大类	65	65	65
公共管理与服务大类	64	63	64
全国高职	**66**	**65**	**65**

注：个别专业大类因为样本较少，没有包括在内。

数据来源：麦可思－中国 2017~2019 届大学毕业生培养质量跟踪评价。

表5－2　2016 届高职各专业大类毕业三年后的就业满意度

单位：%

高职专业大学名称	2016 届三年后	2016 届半年后
教育与体育大类	73	65
旅游大类	71	63
农林牧渔大类	70	66
食品药品与粮食大类	69	65
文化艺术大类	69	66
财经商贸大类	68	63
电子信息大类	67	63
医药卫生大类	67	66
生物与化工大类	67	62
装备制造大类	66	61
交通运输大类	65	64
能源动力与材料大类	64	63
土木建筑大类	63	60
资源环境与安全大类	60	58
全国高职	**67**	**63**

注：个别专业大类因为样本较少，没有包括在内。

数据来源：麦可思－中国 2016 届大学毕业生三年后职业发展跟踪评价，2016 届大学毕业生培养质量跟踪评价。

铁道机车、铁道供电技术、电力系统继电保护与自动化技术专业就业满意度位列前三。具体来看，铁道机车、铁道供电技术的就业满意度最高（均达到80%），其次是电力系统继电保护与自动化技术（79%）。整体来看，毕业半年后就业满意度排名靠前的专业多为交通运输大类、教育与体育大类、财经商贸大类以及能源动力与材料大类等专业（见表5-3）。此外，结合毕业三年后的数据来看，教育类、旅游类、医学技术类、市场营销类在毕业三年后的就业满意度排名靠前，就业满意度分别为76%、74%、72%、72%（见表5-4）。

表5-3　2019届高职生毕业半年后就业满意度排前30位的主要专业

单位：%

高职专业名称	就业满意度	高职专业名称	就业满意度
铁道机车	80	旅游管理	70
铁道供电技术	80	园艺技术	70
电力系统继电保护与自动化技术	79	城市轨道交通机电技术	70
电力系统自动化技术	77	市场营销	70
空中乘务	77	移动互联应用技术	70
学前教育	73	铁道交通运营管理	70
导游	72	国际贸易实务	70
医学美容技术	72	航海技术	70
畜牧兽医	72	发电厂及电力系统	69
小学教育	72	国际经济与贸易	69
社会体育	72	药学	69
铁道工程技术	72	食品营养与检测	69
环境工程技术	72	投资与理财	69
供用电技术	72	国际商务	69
音乐教育	71	**全国高职**	**66**
信息安全与管理	71		

　　注：毕业生规模过小的专业不包括在此排序中。

　　数据来源：麦可思-中国2019届大学毕业生培养质量跟踪评价。

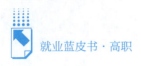
表5－4　2016届高职主要专业类毕业三年后的就业满意度

单位：%

高职专业类名称	就业满意度	高职专业类名称	就业满意度
教育类	76	工商管理类	66
旅游类	74	物流类	66
医学技术类	72	土建施工类	66
市场营销类	72	化工技术类	65
药品制造类	71	城市轨道交通类	65
护理类	71	公共管理类	65
畜牧业类	71	机械设计制造类	65
语言类	70	自动化类	65
食品工业类	70	电子信息类	65
经济贸易类	70	药学类	65
电子商务类	69	电力技术类	64
艺术设计类	69	道路运输类	63
通信类	68	建设工程管理类	62
铁道运输类	68	临床医学类	62
农业类	67	建筑设备类	61
财务会计类	67	建筑设计类	60
计算机类	67	测绘地理信息类	57
汽车制造类	66	机电设备类	56
房地产类	66	**全国高职**	**67**
金融类	66		

注：个别专业类因为样本较少，没有包括在内。

数据来源：麦可思－中国2016届大学毕业生三年后职业发展跟踪评价。

三　地区就业满意度

泛渤海湾和泛长三角就业满意度持续位居榜首。从不同地区的就业满意度来看，2019届毕业生在泛渤海湾和泛长三角的就业满意度均为68%，且连续三年并列第一（见表5－5）。

表 5 – 5　2017～2019 届高职生毕业半年后在各经济区域就业的
就业满意度变化趋势

单位：%

经济区域	2019 届	2018 届	2017 届
泛渤海湾区域经济体	68	67	67
泛长江三角洲区域经济体	68	67	67
东北区域经济体	67	67	66
泛珠江三角洲区域经济体	66	66	66
中原区域经济体	65	65	64
西部生态经济区	64	63	62
西南区域经济体	61	61	61
陕甘宁青区域经济体	61	60	59
全国高职	**66**	**65**	**65**

数据来源：麦可思 – 中国 2017～2019 届大学毕业生培养质量跟踪评价。

一线城市和新一线城市就业满意度均呈上升趋势。具体来看，毕业生在一线城市的就业满意度由 2015 届的 63% 上升至 2019 届的 67%，在新一线城市的就业满意度由 2015 届的 61% 上升至 2017 届的 65% 后保持稳定，一线城市和新一线城市就业满意度在五年内均提升了 4 个百分点（见图 5 – 5）。

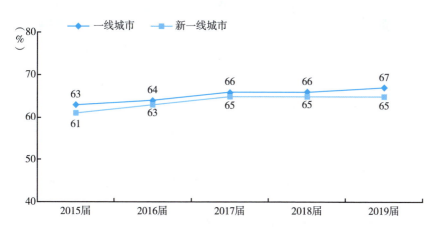

图 5 – 5　2015～2019 届高职生毕业半年后在一线、新一线城市的
就业满意度变化趋势

数据来源：麦可思 – 中国 2015～2019 届大学毕业生培养质量跟踪评价。

四 行业、职业就业满意度

毕业初期运输行业就业满意度最高，毕业三年后教育行业就业满意度最高；而制造相关行业及采矿业的就业满意度相对较低。从毕业生半年后就业满意度来看，运输业就业满意度（78%）最高（见图5-6）；毕业三年后，教育业（73%）排名第一（见图5-8）。另外，教育、农林牧渔、政府及公共管理三大行业在毕业半年后和三年后的就业满意度均排进前五；而制造业相关行业和采矿业就业满意度相对偏低（见图5-7、图5-9），这与职业特点和工作环境有一定的关系。

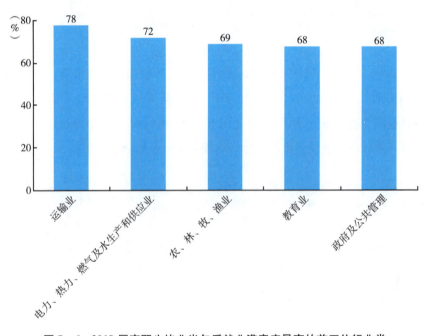

图5-6 2019届高职生毕业半年后就业满意度最高的前五位行业类

注：毕业生规模过小的行业类不包括在此排序中。
数据来源：麦可思-中国2019届大学毕业生培养质量跟踪评价。

毕业初期交通运输/邮电职业就业满意度最高，毕业三年后教育类相关职业就业满意度较高。具体来看，交通运输/邮电毕业半年后就业满意度达

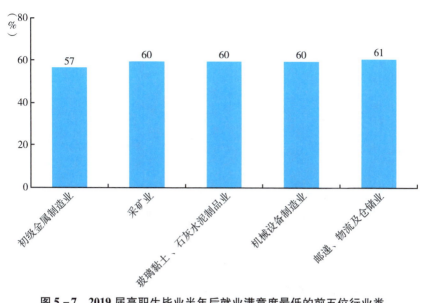

图 5 – 7　2019 届高职生毕业半年后就业满意度最低的前五位行业类

注：毕业生规模过小的行业类不包括在此排序中。

数据来源：麦可思 – 中国 2019 届大学毕业生培养质量跟踪评价。

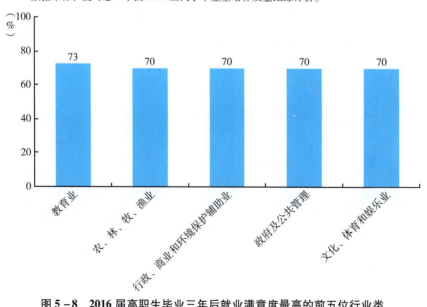

图 5 – 8　2016 届高职生毕业三年后就业满意度最高的前五位行业类

注：毕业生规模过小的行业类不包括在此排序中。

数据来源：麦可思 – 中国 2016 届大学毕业生三年后职业发展跟踪评价。

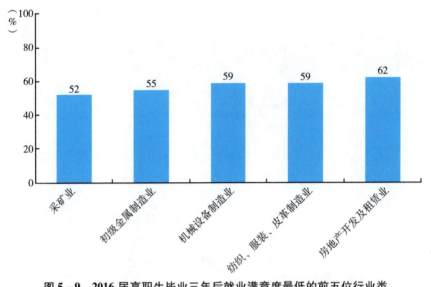

图5－9　2016届高职生毕业三年后就业满意度最低的前五位行业类

注：毕业生规模过小的行业类不包括在此排序中。

数据来源：麦可思－中国2016届大学毕业生三年后职业发展跟踪评价。

到79%，排在各职业类首位，其次是文化/体育、幼儿与学前教育、经营管理职业，满意度均达到74%（见图5－10）。毕业三年后，教育类相关职业

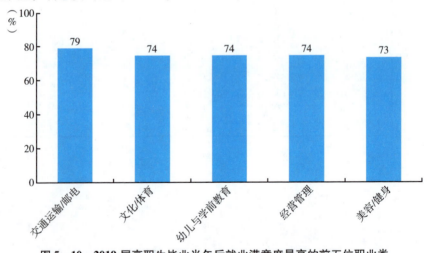

图5－10　2019届高职生毕业半年后就业满意度最高的前五位职业类

注：毕业生规模过小的职业类不包括在此排序中。

数据来源：麦可思－中国2019届大学毕业生培养质量跟踪评价。

在就业满意度这一指标上优势进一步显现，在排名前五的职业中教育相关职业占有三席，包括中小学教育、幼儿与学前教育、教育/职业培训（见图5－12）。另外，矿山/石油类职业就业满意度相对较低，在毕业半年后和三年后均排名在靠后位置（见图5－11、图5－13）。

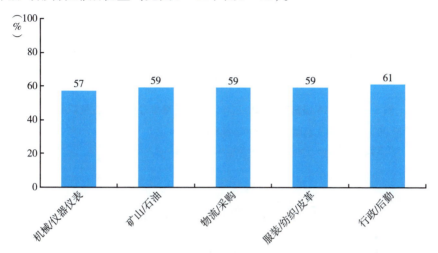

图5－11　2019届高职生毕业半年后就业满意度最低的前五位职业类

注：毕业生规模过小的职业类不包括在此排序中。
数据来源：麦可思－中国2019届大学毕业生培养质量跟踪评价。

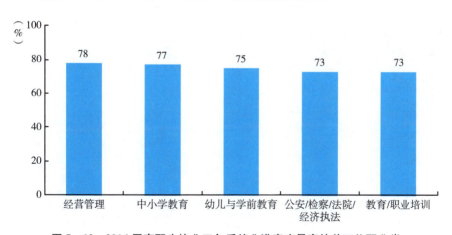

图5－12　2016届高职生毕业三年后就业满意度最高的前五位职业类

注：毕业生规模过小的职业类不包括在此排序中。
数据来源：麦可思－中国2016届大学毕业生三年后职业发展跟踪评价。

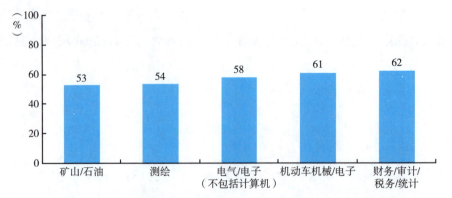

图 5 – 13　2016 届高职生毕业三年后就业满意度最低的前五位职业类

注：毕业生规模过小的职业类不包括在此排序中。
数据来源：麦可思 – 中国 2016 届大学毕业生三年后职业发展跟踪评价。

五　在各类单位的就业满意度

政府机构/科研或其他事业单位的就业满意度最高，民营企业/个体就业满意度偏低。从毕业生就业的不同用人单位类型来看，高职毕业生毕业半年后、三年后在政府机构/科研或其他事业单位的就业满意度（分别为 71%、73%）均最高，在民营企业/个体的就业满意度（分别为 64%、65%）相对较低（见图 5 –14、图 5 –15）。

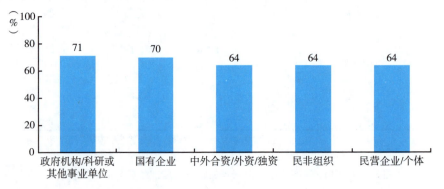

图 5 – 14　2019 届高职生毕业半年后在各类型用人单位的就业满意度

数据来源：麦可思 – 中国 2019 届大学毕业生培养质量跟踪评价。

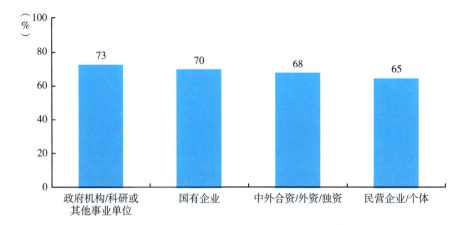

图 5 – 15　2016 届高职生毕业三年后在各类型用人单位的就业满意度

注：民非组织用人单位因为样本较少，没有包括在内。

数据来源：麦可思 – 中国 2016 届大学毕业生三年后职业发展跟踪评价。

B.6
高职毕业生职业发展分析

摘　要：　随着工作时间和工作经验的积累，大学生跨过职场初期开始
在工作中独当一面，职位晋升或跳槽转行都关系着未来职业
发展。通过对就业初期及中期从事专业相关工作的比例、职
位晋升、职场忠诚度的分析发现，应届毕业生从事专业相关
工作的比例保持稳定；随着毕业时间的增长，毕业生职业层
次提升，对自身职业发展的思路更清晰，多数专业大类毕业
生就业中期工作选择面会更宽。在职业发展中，六成以上毕
业生在毕业三年内有过职位晋升，其中旅游大类专业职位晋
升比例最高。另外，毕业生离职率保持平稳，其中医药卫生
大类、能源动力与材料大类毕业生就业稳定性最高，文化艺
术大类毕业生职场流动性较强；就业稳定性与专业特点、就
业所在用人单位类型等均有一定的关系。

关键词：　就业稳定性　职场忠诚度　职位晋升

一　从事本专业相关工作分析

（一）总体工作与专业相关度

高职毕业生从事专业相关工作的比例①保持稳定。从近五年的数据来

---

① **工作与专业相关度**＝受雇全职工作并且与专业相关的毕业生人数/受雇全职工作的毕业生人数。

看，全国高职毕业生从事本专业相关工作的比例在 2015～2018 届均稳定在 62%，2019 届上升 1 百分点达到 63%（见图 6 - 1）。

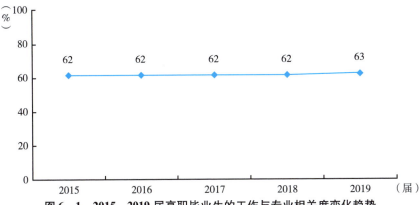

图 6 - 1　2015～2019 届高职毕业生的工作与专业相关度变化趋势

数据来源：麦可思 - 中国 2015～2019 届大学毕业生培养质量跟踪评价。

随着毕业时间的增长，毕业生职业层次提升，对自身职业发展的思路更清晰，同时不同专业中期对应的工作岗位准入门槛也存在差异，像医药卫生大类工作与专业相关度始终保持在稳定且较高水平，而其他多数专业大类中期工作选择面会更宽。具体来看，2016 届毕业三年后工作与专业相关度为 55%，比 2016 届半年后（62%）低 7 个百分点（见图 6 - 2）。

图 6 - 2　2016 届高职毕业生毕业三年后的工作与专业相关度（与 2016 届半年后对比）

数据来源：麦可思 - 中国 2016 届大学毕业生三年后职业发展跟踪评价，2016 届大学毕业生培养质量跟踪评价。

高职毕业生选择与专业无关工作的原因相对稳定，不符合职业期待和先就业再择业依然是毕业生选择专业无关工作的主要因素。从毕业生选择与专业无关工作原因来看，因专业工作不符合自己的职业期待（2019届30%）、迫于现实先就业再择业（2019届27%）选择无关工作的比例在三成左右，与往届（32%、26%）基本持平（见图6-3）。部分毕业生对自己所学的专业知识与其毕业后会从事何种职业，认知都较为模糊，在校期间的职业规划教育对于毕业生形成合理的职业期待具有重要意义。

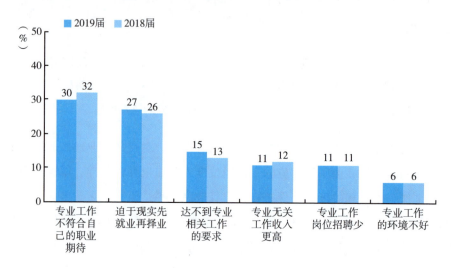

图6-3 2018届、2019届高职毕业生选择与专业无关工作的主要原因

数据来源：麦可思-中国2018届、2019届大学毕业生培养质量跟踪评价。

（二）主要专业的工作与专业相关度

医药卫生大类工作与专业相关度持续排名第一，土木建筑大类、教育与体育大类工作与专业相关度稳步提升，财经商贸大类连续三届下降。从各专业大类毕业生的工作与专业相关度来看，医药卫生大类工作与专业相关度连续三届最高，同时2016届毕业三年后也最高，均在90%或近90%；土木建筑大类、教育与体育大类近三届持续上升，2019届（均为73%）相较于2017届（68%、67%）分别提升了5个百分点、6个百分点。需要关注的是财经商贸大类工作与专业相关度，从 2017 届的 56% 下降到 2019 届的 53%（见表 6 - 1）。

表 6 - 1　2017～2019 届高职各专业大类毕业生的工作与专业相关度

单位：%

高职专业大类名称	2019 届	2018 届	2017 届
医药卫生大类	89	90	90
土木建筑大类	73	71	68
教育与体育大类	73	70	67
能源动力与材料大类	70	68	70
生物与化工大类	67	65	64
水利大类	66	64	66
文化艺术大类	64	65	65
交通运输大类	64	64	65
食品药品与粮食大类	63	62	61
新闻传播大类	62	61	61
资源环境与安全大类	62	58	56
农林牧渔大类	59	56	55
公共管理与服务大类	54	53	55
财经商贸大类	53	54	56
装备制造大类	52	53	53
旅游大类	52	51	49
电子信息大类	51	52	51
全国高职	**63**	**62**	**62**

注：个别专业大类因为样本较少，没有包括在内。

数据来源：麦可思 - 中国 2017～2019 届大学毕业生培养质量跟踪评价。

　　具体到专业层面，工作与专业相关度排名前 30 的专业中，医药卫生相关专业占了三成以上。具体来看，临床医学（95%）、针灸推拿（92%）、助产（91%）、护理（91%）工作与专业相关度较高，都在 90% 以上（见表6 - 3）。

表6-2 2016届高职各专业大类毕业生三年后的工作与专业相关度变化
（与2015届三年后对比）

单位：%

高职专业大类名称	2016届毕业三年后的专业相关度	2016届毕业半年后的专业相关度	2015届毕业三年后的专业相关度
医药卫生大类	87	89	88
能源动力与材料大类	65	72	65
土木建筑大类	63	64	66
教育与体育大类	61	65	62
交通运输大类	59	65	60
生物与化工大类	57	62	59
资源环境与安全大类	56	57	59
文化艺术大类	55	65	53
食品药品与粮食大类	50	62	49
农林牧渔大类	49	56	47
财经商贸大类	49	58	51
电子信息大类	49	53	48
装备制造大类	44	54	47
旅游大类	35	50	34
全国高职	**55**	**62**	**56**

注：个别专业大类因为样本较少，没有包括在内。
数据来源：麦可思-中国2015届、2016届大学毕业生三年后职业发展跟踪评价，2016届大学毕业生半年后培养质量跟踪评价。

表6-3 2019届高职毕业生工作与专业相关度排前30位的主要专业

单位：%

高职专业名称	工作与专业相关度	高职专业名称	工作与专业相关度
临床医学	95	小学教育	87
针灸推拿	92	医学检验技术	87
助产	91	医学美容技术	87
护理	91	医学影像技术	86
康复治疗技术	89	电力系统继电保护与自动化技术	86
学前教育	88	中药学	85
铁道机车	88	语文教育	85
英语教育	87	药学	84

续表

高职专业名称	工作与专业相关度	高职专业名称	工作与专业相关度
铁道工程技术	81	建筑工程技术	79
发电厂及电力系统	80	美术教育	78
电力系统自动化技术	80	数学教育	78
铁道供电技术	79	建设工程监理	78
口腔医学技术	79	药品经营与管理	76
市政工程技术	79	畜牧兽医	76
建筑设计	79	**全国高职**	**63**
道路桥梁工程技术	79		

注：毕业生规模过小的专业不包括在此排序中。

数据来源：麦可思－中国 2019 届大学毕业生培养质量跟踪评价。

（三）主要职业的工作与专业相关度

医学相关职业的从业门槛最高，行政后勤、销售相关职业要求偏低。在 2019 届高职毕业生工作与专业相关度要求最高的前 20 位职业中，前八位均来自医学相关职业，例如：医疗救护人员（98%）、放射技术人员（98%）、护士（97%）、医学和临床实验室技术人员（97%）、兽医（97%）等，这些职业均对专业能力要求高，对应专业特点明显（见表 6－4）。另外，在工作与专业相关度要求最低的前 20 位职业中，相对集中的是行政后勤、销售相关的职业，例如：信贷经纪人（20%）、保险推销人员（23%）、贷款顾问（24%）、公关专员（24%）等（见表 6－5）。

表 6－4　2019 届高职毕业生工作与专业相关度要求最高的前 20 位职业

单位：%

职业名称	工作与专业相关度
医疗救护人员	98
放射技术人员	98
护士	97
医学和临床实验室技术人员	97

续表

职业名称	工作与专业相关度
兽医	97
医生助理	96
理疗员	95
兽医助手和实验室动物管理员	95
园林建筑技术人员	94
铁轨铺设及维护设备操作人员	93
航空乘务员	92
预算员	92
计算机程序员	91
工程造价人员	90
汽车机械技术人员	90
建筑设计员（非园林和水上景观）	90
铁路闸、铁路信号和转辙器操作人员	90
建筑绘图人员	90
会计	90
土木建筑工程技术人员	89
全国高职	**63**

注：毕业生规模过小的职业不包括在此排序中。

数据来源：麦可思－中国2019届大学毕业生培养质量跟踪评价。

表6－5　2019届高职毕业生工作与专业相关度要求最低的前20位职业

单位：%

职业名称	工作与专业相关度
信贷经纪人	20
保险推销人员	23
贷款顾问	24
公关专员	24
文员	27
银行信贷员	27
金融服务销售商	27
行政秘书和行政助理	29
手工包装人员	30
数据录入员	30
酬劳、福利和工作分析专职人员	31
融资专员	31

职业名称	工作与专业相关度
证券、商品和金融服务销售代理	31
招聘专职人员	31
房地产经纪人	32
餐饮服务生	32
游戏策划人员	33
保单管理人员	33
其他种类的人力资源、培训和劳资关系专职人员	34
餐饮服务主管	34
全国高职	**63**

注：毕业生规模过小的职业不包括在此排序中。

数据来源：麦可思－中国2019届大学毕业生培养质量跟踪评价。

二 职位晋升情况

（一）总体职位晋升

职位晋升①情况稳定，各类高职院校无明显差异。具体来看，2016届高职生毕业三年内有过晋升比例（61%）与2015届基本持平（62%），"双高"院校获得职位晋升的比例（62%）高出其他高职院校（61%）1个百分点（见图6-4）。

同样，2016届高职生毕业三年内晋升次数均为1.0次，与往届持平。从晋升频度来看，2016届毕业三年内有三成以上毕业生获得过1次晋升，与2015届基本持平，近两成毕业生获得过2次晋升（见图6-5、图6-6）。

---

① **职位晋升**：由已经工作的毕业生回答是否获得职位晋升以及获得晋升的次数。职位晋升是指享有比前一个职位更多的职权并承担更多的责任，由毕业生主观判断。这既包括不换雇主的内部提升，也包括通过更换雇主实现的晋升。

职位晋升次数：由毕业生回答获得职位晋升的次数，计算公式的分子是三年内毕业生获得的职位晋升次数，没有获得职位晋升的人记为0次，分母是三年内就业和就业过的毕业生数。

图 6 - 4　2016 届高职生毕业三年内平均获得职位晋升的比例
（与 2015 届三年内对比）

数据来源：麦可思 - 中国 2015 届、2016 届大学毕业生三年后职业发展跟踪评价。

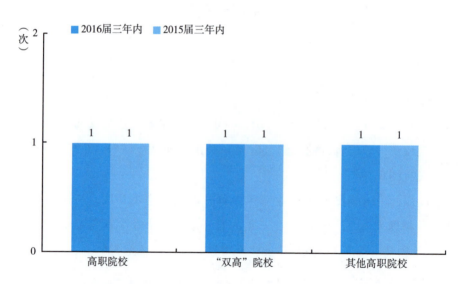

图 6 - 5　2016 届高职生毕业三年内平均获得职位晋升的次数
（与 2015 届三年内对比）

数据来源：麦可思 - 中国 2015 届、2016 届大学毕业生三年后职业发展跟踪评价。

图 6 - 6　2016 届高职生毕业三年内平均获得职位晋升的频度
（与 2015 届三年内对比）

数据来源：麦可思 – 中国 2015 届、2016 届大学毕业生三年后职业发展跟踪评价。

（二）各专业大类的职位晋升

综合职位晋升比例和次数可以看出，各专业大类在近两届晋升情况稳定，旅游大类晋升情况始终排名第一。从各专业大类中期获得晋升的比例来看，旅游大类毕业三年内获得职业晋升的比例近七成。另外，医药卫生大类职位晋升的比例和次数在毕业三年内相对较低，医学毕业生就业集中在医院等相关单位，晋升比例偏低与医护人员特定的职称体系有关（见表 6 - 6、表 6 - 7）。

表 6 - 6　2016 届高职各专业大类毕业生三年内平均获得职位晋升的比例
（与 2015 届三年内对比）

单位：%

高职专业大类名称	2016 届三年内	2015 届三年内
旅游大类	69	70
文化艺术大类	65	67
食品药品与粮食大类	64	64
财经商贸大类	63	63

续表

高职专业大类名称	2016届三年内	2015届三年内
土木建筑大类	63	63
农林牧渔大类	63	63
装备制造大类	62	63
能源动力与材料大类	61	62
电子信息大类	60	62
教育与体育大类	59	61
生物与化工大类	59	59
资源环境与安全大类	58	57
交通运输大类	57	58
医药卫生大类	39	39
全国高职	**61**	**62**

注：个别专业大类因为样本较少，没有包括在内。

数据来源：麦可思－中国2015届、2016届大学毕业生三年后职业发展跟踪评价。

表6－7　2016届高职各专业大类毕业生三年内平均获得职位晋升的次数
（与2015届三年内对比）

单位：次

高职专业大类名称	2016届三年内	2015届三年内
旅游大类	1.2	1.2
农林牧渔大类	1.1	1.0
生物与化工大类	1.1	0.9
土木建筑大类	1.1	1.1
文化艺术大类	1.1	1.2
电子信息大类	1.0	1.1
财经商贸大类	1.0	1.1
装备制造大类	1.0	1.1
食品药品与粮食大类	1.0	1.1
能源动力与材料大类	0.9	1.0
教育与体育大类	0.9	0.9
资源环境与安全大类	0.9	1.0
交通运输大类	0.9	0.9
医药卫生大类	0.6	0.6
全国高职	**1.0**	**1.0**

注：个别专业大类因为样本较少，没有包括在内。

数据来源：麦可思－中国2015届、2016届大学毕业生三年后职业发展跟踪评价。

（三）主要行业、职业的职位晋升

住宿和餐饮业职位晋升最快。具体来看，住宿和餐饮业在毕业三年内职位晋升比例（77%）始终排第一位，并且优势明显（见表6－8）。同时，该行业毕业三年内的职位晋升次数也排名首位，达到1.5次（见表6－9）。

表6－8　2016届高职主要行业类毕业生三年内平均获得职位晋升的比例
（与2015届三年内对比）

单位：%

行业类名称	2016届三年内	2015届三年内
住宿和餐饮业	77	77
零售业	70	70
文化、体育和娱乐业	68	70
金融业	67	70
邮递、物流及仓储业	66	67
食品、烟草、加工业	65	69
信息传输、软件和信息技术服务业	65	66
各类专业设计与咨询服务业	65	69
居民服务、修理和其他服务业	65	67
医药及设备制造业	64	61
建筑业	64	64
批发业	64	63
教育业	63	63
房地产开发及租赁业	63	65
农、林、牧、渔业	63	64
电子电气设备制造业（含计算机、通信、家电等）	63	63
家具制造业	61	64
纺织、服装、皮革制造业	61	60
化学品、化工、塑胶制造业	60	58
电力、热力、燃气及水生产和供应业	60	62
其他制造业	60	57
行政、商业和环境保护辅助业	58	59
机械设备制造业	58	60
交通运输设备制造业	57	60

续表

行业类名称	2016届三年内	2015届三年内
初级金属制造业	55	55
运输业	52	50
采矿业	42	42
政府及公共管理	40	40
医疗和社会护理服务业	40	40
全国高职	**61**	**62**

注：个别行业类因为样本较少，没有包括在内。

数据来源：麦可思－中国2015届、2016届大学毕业生三年后职业发展跟踪评价。

表6－9　2016届高职主要行业类毕业生三年内平均获得职位晋升的次数
（与2015届三年内对比）

单位：次

行业类名称	2016届三年内	2015届三年内
住宿和餐饮业	1.5	1.5
房地产开发及租赁业	1.3	1.2
批发业	1.3	1.1
文化、体育和娱乐业	1.3	1.3
零售业	1.2	1.2
农、林、牧、渔业	1.2	1.1
金融业	1.1	1.2
各类专业设计与咨询服务业	1.1	1.2
教育业	1.1	1.1
居民服务、修理和其他服务业	1.1	1.2
信息传输、软件和信息技术服务业	1.1	1.1
建筑业	1.1	1.2
医药及设备制造业	1.1	1.0
电子电气设备制造业（含计算机、通信、家电等）	1.1	1.0
食品、烟草、加工业	1.0	1.2
邮递、物流及仓储业	1.0	1.2
纺织、服装、皮革制造业	1.0	1.1
化学品、化工、塑胶制造业	1.0	0.9

续表

行业类名称	2016届三年内	2015届三年内
家具制造业	1.0	1.2
其他制造业	0.9	0.9
行政、商业和环境保护辅助业	0.9	1.0
电力、热力、燃气及水生产和供应业	0.9	1.0
机械设备制造业	0.9	0.9
交通运输设备制造业	0.8	0.9
初级金属制造业	0.8	0.9
运输业	0.8	0.7
政府及公共管理	0.6	0.6
采矿业	0.6	0.6
医疗和社会护理服务业	0.5	0.5
全国高职	**1.0**	**1.0**

注：个别行业类因为样本较少，没有包括在内。

数据来源：麦可思－中国2015届、2016届大学毕业生三年后职业发展跟踪评价。

经营管理类职业职位晋升优势明显。具体来看，经营管理类职业在毕业三年内职位晋升比例近9成，晋升次数达到2次。晋升速度快体现了其职业的特点，该职业本身就要求需达到一定的层次才能够胜任。另外，受职业特点影响，医疗保健/紧急救助、公安/检察/法院/经济执法职位晋升相对缓慢（见表6－10、表6－11）。

表6－10　2016届高职主要职业类毕业生三年内平均获得职位晋升的比例
（与2015届三年内对比）

单位：%

职业类名称	2016届三年内	2015届三年内
经营管理	86	86
人力资源	73	73
房地产经营	72	74
酒店/旅游/会展	71	75

续表

职业类名称	2016 届三年内	2015 届三年内
餐饮/娱乐	70	73
幼儿与学前教育	69	66
销售	69	72
保险	69	67
表演艺术/影视	69	73
教育/职业培训	68	68
互联网开发及应用	67	68
美术/设计/创意	66	69
生产/运营	64	70
建筑工程	64	63
农/林/牧/渔类	63	63
电气/电子(不包括计算机)	63	65
环境保护	63	62
金融(银行/基金/证券/期货/理财)	62	66
媒体/出版	61	59
测绘	61	66
物流/采购	61	61
机动车机械/电子	61	62
工业安全与质量	60	64
电力/能源	60	63
服装/纺织/皮革	58	54
生物/化工	58	55
财务/审计/税务/统计	58	59
计算机与数据处理	57	60
机械/仪器仪表	55	55
交通运输/邮电	52	54
中小学教育	51	51
社区工作者	51	54
行政/后勤	50	49
公安/检察/法院/经济执法	39	39
医疗保健/紧急救助	37	36
全国高职	**61**	**62**

注：个别职业类因为样本较少，没有包括在内。

数据来源：麦可思–中国 2015 届、2016 届大学毕业生三年后职业发展跟踪评价。

表 6 – 11　2016 届高职主要职业类毕业生三年内平均获得职位晋升的次数
（与 2015 届三年内对比）

单位：次

职业类名称	2016 届三年内	2015 届三年内
经营管理	2.0	2.0
教育/职业培训	1.4	1.3
房地产经营	1.4	1.4
餐饮/娱乐	1.4	1.6
酒店/旅游/会展	1.4	1.5
人力资源	1.2	1.3
销售	1.2	1.3
农/林/牧/渔类	1.2	1.1
互联网开发及应用	1.2	1.2
幼儿与学前教育	1.2	1.2
保险	1.2	1.1
表演艺术/影视	1.2	1.4
美术/设计/创意	1.1	1.3
生产/运营	1.1	1.1
建筑工程	1.1	1.1
电气/电子(不包括计算机)	1.1	1.0
服装/纺织/皮革	1.1	1.1
环境保护	1.0	1.0
媒体/出版	1.0	1.2
金融(银行/基金/证券/期货/理财)	1.0	1.1
测绘	1.0	1.1
机动车机械/电子	1.0	1.1
机械/仪器仪表	1.0	0.9
生物/化工	1.0	0.9
物流/采购	0.9	1.2
电力/能源	0.9	1.0
中小学教育	0.9	0.9
工业安全与质量	0.9	1.0
财务/审计/税务/统计	0.9	1.0
计算机与数据处理	0.9	0.9
医疗保健/紧急救助	0.8	0.5
社区工作者	0.8	1.0

续表

职业类名称	2016届三年内	2015届三年内
行政/后勤	0.7	0.7
交通运输/邮电	0.6	0.7
公安/检察/法院/经济执法	0.6	0.6
全国高职	**1.0**	**1.0**

注：个别职业类因为样本较少，没有包括在内。
数据来源：麦可思 – 中国2015届、2016届大学毕业生三年后职业发展跟踪评价。

（四）职位晋升的类型

在职位晋升类型方面，毕业生晋升的类型主要表现为薪资和工作职责的增加。具体来看，2016届毕业生有76%、71%在三年后获得薪资和工作职责的增加，与2015届三年后（74%、70%）基本持平（见图6-7）。

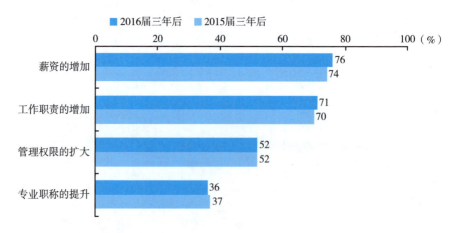

图6-7　2016届高职生毕业三年后职位晋升的类型（与2015届三年后对比）

数据来源：麦可思 – 中国2015届、2016届大学毕业生三年后职业发展跟踪评价。

（五）对职位晋升有帮助的活动与因素

大学各项活动都在一定程度上帮助了毕业生的中期职业发展，课堂所学的知识和技能、社会人脉的扩大对职位晋升帮助较大。具体来看，2015届、

2016 届毕业三年后均有 35% 的毕业生认为课上所学的知识和技能、扩大社会人脉联系对职位晋升有帮助（见图 6 - 8）。

图 6 - 8　2016 届高职生毕业三年后认为对职位晋升有帮助的大学活动（与 2015 届三年后对比）

数据来源：麦可思 - 中国 2015 届、2016 届大学毕业生三年后职业发展跟踪评价。

三　职场忠诚度分析

（一）离职率与雇主数

　　毕业生的工作稳定性保持平稳。从近五年的离职率[①]来看，全国高职毕业生离职率从 2015 届、2016 届的 43% 降至 2017 届的 42%，并在 2018、2019 届均保持在 42% 的水平（见图 6 - 9）。

　　从毕业三年内的雇主数[②]来看，全国 2015 届、2016 届高职毕业生三年内的雇主数为 2.4 个。其中，"双高"院校毕业生三年内的雇主数为 2.4

---

① **离职率**：有过工作经历的毕业生（从毕业时到 2019 年 12 月 31 日）有多大比例发生过离职。离职率 = 曾经有离职行为的毕业生人数/现在工作或曾经工作过的毕业生人数。

② **雇主数**：指毕业生从第一份工作到三年后的跟踪评价时点，一共为多少个雇主工作过。雇主数越多，则工作转换得越频繁；雇主数可以代表毕业生工作稳定的程度。

个，与其他高职院校基本持平。在只有 1 个雇主数的比例上，"双高"院校（24%）比其他高职院校（22%）高 2 个百分点（见图 6 – 11）。

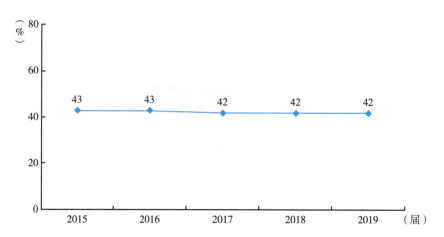

图 6 – 9　2015～2019 届高职毕业生毕业半年内的离职率变化趋势

数据来源：麦可思 – 中国 2015～2019 届大学毕业生培养质量跟踪评价。

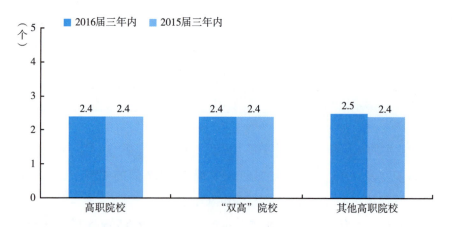

图 6 – 10　2016 届高职生毕业三年内的平均雇主数（与 2015 届三年内对比）

数据来源：麦可思 – 中国 2015、2016 届大学毕业生三年后职业发展跟踪评价。

医药卫生大类、能源动力与材料大类毕业生职场忠诚度排前两位。具体来看，医药卫生大类、能源动力与材料大类毕业半年内的离职率连续三届均低于三成，同时是毕业三年内雇主数不高于 2 个的专业大类。另外，文化艺

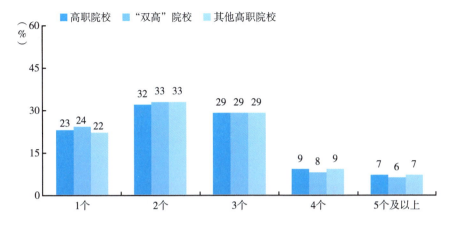

图6-11 2016届高职生毕业三年内工作过的雇主数频度

数据来源：麦可思-中国2016届大学毕业生三年后职业发展跟踪评价。

术大类毕业生职场流动性较强，毕业半年内的离职率（53%）和三年内的雇主数（2.8个）均较高。就业稳定性与专业特点、就业所在用人单位类型等均有一定的关系（见表6-12、表6-13）。

表6-12 2017~2019届高职各专业大类毕业半年内的离职率

单位：%

高职专业大类	2019届	2018届	2017届
医药卫生大类	21	21	22
能源动力与材料大类	29	29	27
交通运输大类	32	32	33
教育与体育大类	36	37	39
水利大类	38	39	39
生物与化工大类	39	40	38
资源环境与安全大类	40	41	41
土木建筑大类	42	43	44
食品药品与粮食大类	43	43	43
农林牧渔大类	45	44	42
装备制造大类	45	46	46
旅游大类	46	46	47

续表

高职专业大类	2019 届	2018 届	2017 届
公共管理与服务大类	47	46	45
电子信息大类	51	50	49
财经商贸大类	51	50	50
文化艺术大类	53	54	53
新闻传播大类	54	53	52
全国高职	**42**	**42**	**42**

注：个别专业大类因为样本较少，没有包括在内。

数据来源：麦可思－中国 2017～2019 届大学毕业生培养质量跟踪评价。

表 6-13　2016 届高职各专业大类毕业三年内的平均雇主数

单位：个

高职专业大类名称	毕业三年内平均雇主数	高职专业大类名称	毕业三年内平均雇主数
能源动力与材料大类	1.9	装备制造大类	2.4
医药卫生大类	2.0	资源环境与安全大类	2.4
生物与化工大类	2.2	财经商贸大类	2.5
交通运输大类	2.2	旅游大类	2.6
农林牧渔大类	2.3	电子信息大类	2.6
食品药品与粮食大类	2.3	文化艺术大类	2.8
教育与体育大类	2.4	**全国高职**	**2.4**
土木建筑大类	2.4		

注：个别专业大类因为样本较少，没有包括在内。

数据来源：麦可思－中国 2016 届大学毕业生三年后职业发展跟踪评价。

（二）离职类型与原因

　　毕业生主要为主动离职，追求薪资福利以及发展空间依然是离职的主要因素。从离职类型[①]来看，2019 届毕业生离职的人群中 99% 都属于主动离职（图 6-12）。从离职原因来看，薪资福利偏低（50%）、个人发展空间

----

①　**离职类型**：分为主动离职（辞职）、被雇主解职、两者均有（离职两次及以上可能会出现）三类情形。

不够（45%）两项仍然是主要原因，与 2018 届情况基本一致（见图
6－13）。从整体看，如何帮助学生做好合理的职业规划，选择适合自己的
职业和行业以避免盲目离职，是高校就业指导工作改进的重要内容。

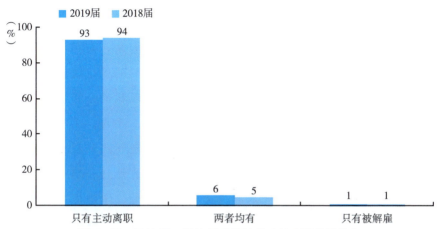

图 6－12　2018 届、2019 届高职毕业生的离职类型分布

数据来源：麦可思－中国 2018、2019 届大学毕业生培养质量跟踪评价。

图 6－13　2018 届、2019 届高职毕业生主动离职的原因

数据来源：麦可思－中国 2018 届、2019 届大学毕业生培养质量跟踪评价。

B.7
高职毕业生专升本分析

摘　要： 产业升级对高层次人才的需求进一步加大，高职毕业生通过专升本提升自我竞争力的需求也越来越明显。通过对专升本趋势及动机、学历提升人群职业发展现状的分析发现，应届毕业生专升本比例呈上升态势，毕业三年内，又有接近三成的毕业生在毕业后重新通过专升本实现学历的提升。在专升本动机方面，想去更好的大学、就业前景好和职业发展需要是毕业生选择专升本的三大动因。另外，学历提升对学生的职场感受有积极影响，通过专升本获得学历提升人群的就业满意度明显高于学历未提升人群。

关键词： 专升本　读本原因　职业发展

一　读本科的比例

毕业生专升本①比例持续上升，其他高职院校与"双高"院校间的差距进一步扩大。从近五年的数据来看，毕业生读本科的比例由 2015 届的 4.7% 增至 2019 届的 7.6%，越来越多的毕业生为增强市场竞争力和增加就业优势而选择继续读本科。其中"双高"院校专升本的比例高于其他高职院校，2015 届两者差距在 0.4 个百分点，从 2017 届开始差距进一步扩大，2019 届差距达到 2.7 个百分点（见图 7-1、图 7-2）。

---

① **专升本：** 指高职毕业生毕业后继续就读本科。有专升本、专插本、专接本、专转本多种形式，本报告中统一称为"专升本"。

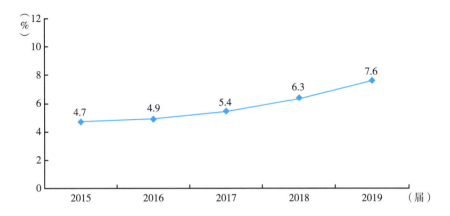

图 7 - 1　2015～2019 届高职毕业生读本科的比例变化趋势

数据来源：麦可思 - 中国 2015～2019 届大学毕业生培养质量跟踪评价。

图 7 - 2　2015～2019 届各类高职院校毕业生读本科的比例变化趋势

数据来源：麦可思 - 中国 2015～2019 届大学毕业生培养质量跟踪评价。

　　财经商贸大类、教育与体育大类、医药卫生大类、电子信息大类毕业生专升本比例较高，且呈现进一步上升的趋势，与 2017 届相比，提高比例均在 2 个百分点以上（见表 7 - 1）。随着 2020 年专升本扩招政策的进一步实施，专升本计划增量将重点投放到服务国家战略和社会民生急需领域，投向职教本科和应用型本科，向预防医学、应急管理、养老服务管理、电子商务等专业倾斜①。在专升本扩招的趋势下，医药卫生、电子信息等相关专业专升本比例将进一步提升。

表 7－1　2017～2019 届高职各专业大类读本科的比例

单位：%

高职专业大类名称	2019 届	2018 届	2017 届
财经商贸大类	9.9	8.3	7.3
教育与体育大类	9.7	8.6	7.6
医药卫生大类	8.7	7.5	6.3
电子信息大类	7.8	6.2	5.3
生物与化工大类	7.4	6.5	5.9
文化艺术大类	7.3	6.5	5.8
新闻传播大类	6.8	5.6	5.1
旅游大类	6.8	5.3	4.9
农林牧渔大类	6.4	6.5	5.5
水利大类	6.4	5.2	4.2
公共管理与服务大类	6.4	4.9	4.2
土木建筑大类	6.0	4.9	4.5
食品药品与粮食大类	5.8	5.7	4.8
装备制造大类	5.5	4.9	4.1
资源环境与安全大类	5.5	4.3	3.7
交通运输大类	5.3	4.8	3.7
能源动力与材料大类	5.2	4.3	3.9
全国高职	**7.6**	**6.3**	**5.4**

注：个别专业大类因为样本较少，没有包括在内。

数据来源：麦可思－中国 2017～2019 届大学毕业生培养质量跟踪评价。

---

① 《国务院联防联控机制举行鼓励企业吸纳高校毕业生、农民工就业相关政策发布会》，国务院新闻办公室，2020 年 2 月 28 日。

二 读本科的原因

想去更好的大学、就业前景好和职业发展需要是毕业生选择专升本的三大动因。从 2019 届毕业生选择毕业后继续读本科的原因来看，因规避就业困难选择专升本的人群占极少数，只有 6%，更多的毕业生（32%）想进入更好的大学从而选择继续读本，同时有 20% 以上的毕业生因为就业前景好和职业发展需要选择继续读本科来提升自己的就业竞争力（见图 7－3）。

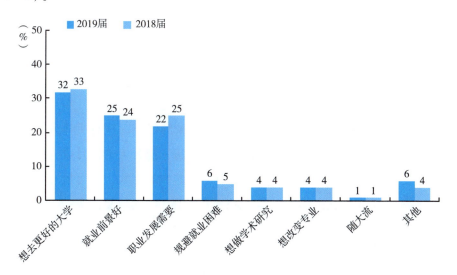

图 7－3　2018 届、2019 届高职毕业生读本科的原因

数据来源：麦可思－中国 2018 届、2019 届大学毕业生培养质量跟踪评价。

三 职业发展

毕业三年后高职毕业生学历提升明显。具体来看，高职毕业生选择学历提升者从毕业半年时（2016 届）的 4.9% 大幅提升到毕业三年后的 34.6%，有接近 30% 的毕业生在毕业后重新通过专升本实现学历的提升。无论是

"双高"院校还是其他高职院校都表现出相同的特点，均有近30%的毕业生在工作一段时间后选择进一步深造以实现学历的提升（见图7-4）。

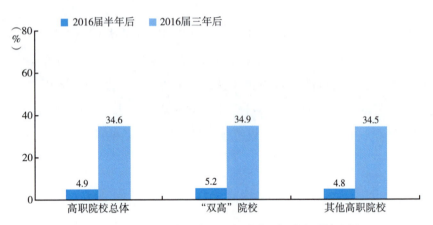

图7-4 2016届大学生毕业三年后学历提升人群的比例

数据来源：麦可思-中国2016届大学毕业生三年后职业发展跟踪评价。

在"双高"院校毕业生中，学历提升带来的经济回报有所体现。通过对高职2014届毕业五年后学历提升人群和学历未提升人群的月收入对比发现，学历提升在"双高"院校毕业生中带来的影响更大，学历提升人群的月收入（8231元）比未提升人群（8090元）高141元（见图7-5）。

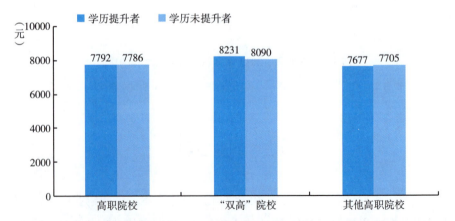

图7-5 2014届高职毕业生五年后学历提升人群和学历未提升人群的月收入对比

数据来源：麦可思-中国2014届大学毕业生五年后职业发展跟踪评价。

学历提升对毕业生的职场感受有积极影响。通过对高职毕业三年后学历提升人群和学历未提升人群的就业现状满意度对比发现，学历提升人群的就业满意度（70%）明显高于学历未提升人群（65%）。其中，"双高"院校和其他高职院校学历提升人群三年后的就业现状满意度比学历未提升人群均高5个百分点，学历提升带来的职场幸福感更强（见图7-6）。

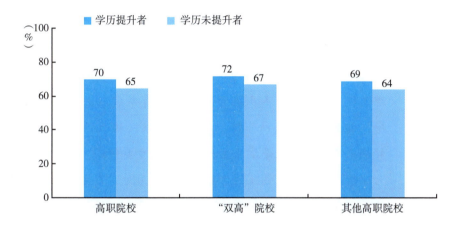

图7-6　2016届高职毕业生三年后学历提升人群和学历未提升人群的就业现状满意度对比

数据来源：麦可思－中国2016届大学毕业生三年后职业发展跟踪评价。

B.8
高职毕业生自主创业分析

摘　要: “大众创业，万众创新”是当下国家实现经济转型、产业升
级的重要动力源泉。通过对就业初期及中期创业比例变化、
创业人群薪资收入、创业动机的分析发现，毕业三年内，创
业比例翻倍增长。同时通过对“毕业即创业”群体的持续跟
踪发现，自主创业人群在毕业三年内有半数以上退出创业市
场，创业存活率有所下降，对创业效果应从长评价。从创业
领域来看，零售业是毕业生自主创业的主要领域，同时“创业
为理想”是毕业生创业的主要驱动力。另外，自主创业人群月
收入优势明显，随着创业时间延长，薪资优势进一步扩大。

关键词: 存活率　创业动机　创业领域

一　自主创业比例

毕业三年内创业比例翻倍，对创业效果应从长评价。从毕业初期的自主
创业比例来看，2019届毕业生自主创业比例为3.4%，其中，“双高”院校
毕业生自主创业的比例为3.3%，其他高职院校毕业生自主创业的比例为
3.4%。从2016届毕业半年和三年自主创业的比例来看，2016届毕业半年
内自主创业的比例为3.9%，毕业三年内，自主创业比例达到8.1%。随着
毕业时间的延长，毕业生自主创业比例进一步上升（见图8-1、图8-2、
图8-3）。

毕业三年内自主创业存活率有所下降，自主创业群体的生存挑战在增

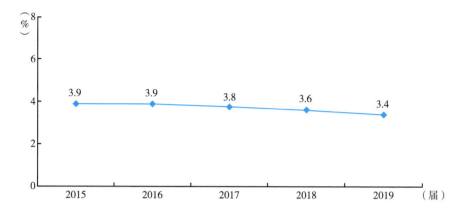

图8-1 2015~2019届高职生毕业半年内自主创业的比例变化趋势

数据来源：麦可思-中国2015~2019届大学毕业生培养质量跟踪评价。

图8-2 2015~2019届各类高职院校毕业生半年内自主创业的比例变化趋势

数据来源：麦可思-中国2015~2019届大学毕业生培养质量跟踪评价。

加。对2016届毕业半年内自主创业的毕业生进一步跟踪发现，自主创业人群在毕业三年内有半数以上退出创业市场，仍然坚持创业的比例为43.6%，与2015届三年内（44.7%）相比有所下降（见图8-4）。融资渠道单一、不畅是毕业生创业普遍面临的问题，另外，除创业环境、行业竞争等外部因素外，毕业生创业能力不足、水平不高是导致其创业成功率

图 8 – 3 2016 届高职生毕业三年内自主创业的比例（与 2016 届半年对比）

数据来源：麦可思 – 中国 2016 届大学毕业生三年后职业发展跟踪评价，2016 届大学毕业生培养质量跟踪评价。

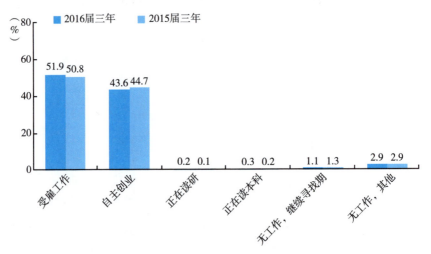

图 8 – 4 2016 届高职生毕业半年内自主创业者三年后的去向分布（与 2015 届对比）

数据来源：麦可思 – 中国 2015 届、2016 届大学毕业生三年后职业发展跟踪评价，2015 届、2016 届大学毕业生培养质量跟踪评价。

偏低的主要因素①。

零售业是高职毕业生自主创业的主要领域。具体来看，在毕业半年和毕

---

① 王丽卿、赵凌飞：《大学生创业现状、问题及对策探究》，《人才资源开发》2019 年第 24 期，第 42 ~ 43 页。

业三年内创业的主要领域基本一致，零售业均排在主要创业领域的首位，毕业半年和三年内在此行业创业的比例分别为 11.0%、14.8%。另外，毕业生在教育、住宿餐饮、文体娱乐、建筑领域创业比例也较高（见图 8-5、图 8-6）。

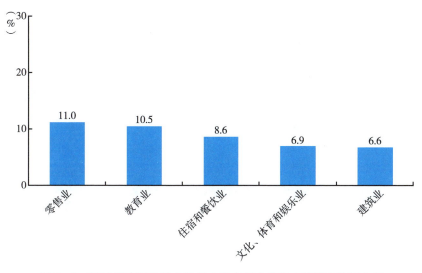

图 8-5 2019 届高职生毕业半年内自主创业最集中的前五位行业类

数据来源：麦可思-中国 2019 届大学毕业生培养质量跟踪评价。

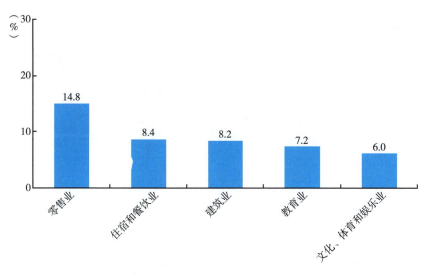

图 8-6 2016 届高职生毕业三年内自主创业最集中的前五位行业类

数据来源：麦可思-中国 2016 届大学毕业生三年后职业发展跟踪评价。

二 自主创业月收入

自主创业人群月收入优势明显。从近五年毕业生毕业半年内自主创业的月收入来看，自主创业人群月收入持续高于高职毕业生平均水平，在 2019 届月收入达到 5183 元，比高职毕业生平均水平（4295 元）高 888 元，薪资优势明显。同时在毕业三年内，创业人群的薪资优势进一步扩大，自主创业人群月收入达到 10316 元，比高职毕业生平均水平（6379 元）高出 3937 元（见图 8 - 7、图 8 - 8）。

图 8 - 7　2015 ~ 2019 届高职生毕业半年内自主创业的月收入

数据来源：麦可思 - 中国 2015 ~ 2019 届大学毕业生培养质量跟踪评价。

三 自主创业动机

"创业为理想"是毕业生创业的主要驱动力。具体来看，因为理想选择自主创业的比例为 35%，另外有 22% 的毕业生因为有好的创业项目而选择自主创业。可以看出，绝大多数创业人群（81%）属于"机会型创业"①,"生存型创业"的人占少数,只有7%(见图8-9)。

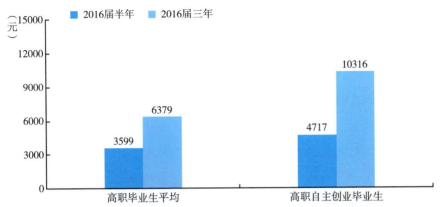

图 8-8　2016 届高职生毕业三年内自主创业的月收入(与 2016 届半年对比)

数据来源:麦可思-中国 2016 届大学毕业生三年后职业发展跟踪评价,2016 届大学毕业生培养质量跟踪评价。

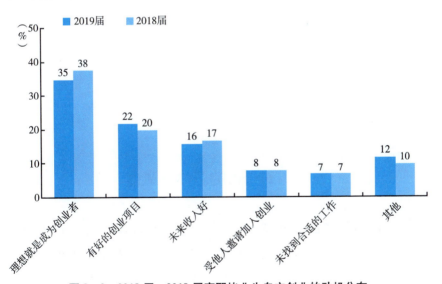

图 8-9　2018 届、2019 届高职毕业生自主创业的动机分布

数据来源:麦可思-中国 2018 届、2019 届大学毕业生培养质量跟踪评价。

---

① **机会型创业**指的是为了抓住和充分利用市场机会而进行的创业,**生存型创业**指的是创业者因找不到合适的工作而进行的创业。该理论由全球创业观察(Global Entrepreneurship Monitor)2001 年报告首次提出。其中,机会型创业包括:理想就是成为创业者、有好的创业项目、受他人邀请加入创业、未来收入好;生存型创业包括未找到合适的工作。

B.9
高职毕业生对学校的满意度分析

摘　要：　校友评价对高校改进教育教学、提升学生服务质量、优化学生在校体验具有重要参考作用。通过对毕业生满意度、学生工作与服务满意度的分析发现，毕业生对母校的满意度持续上升，反映出毕业生对高等职业教育的认可度进一步提升。另外，毕业生对母校教学的满意度持续上升，高校实习实践开展效果有所体现，高等职业教育教学持续优化。另外，毕业生对母校就业指导服务、学生工作及生活服务的满意度均呈现持续上升的趋势，高校服务育人工作效果持续改善，学生在校体验进一步优化。

关键词：　母校满意度　教学改进　求职服务　在校体验

一　对母校的总体满意度

毕业生对母校的总体满意度[①]持续上升，反映出毕业生对高等职业教育的认可度进一步提升。从近五年的数据来看，毕业生对母校的总体满意度从2015届的88%上升到2019届的91%，五年内上升了3个百分点。从不同院校类型来看，"双高"院校毕业生对母校的总体满意度近

---

① **对母校的总体满意度：**由毕业生回答对母校的总体满意度，选项有"很满意""满意""不满意""很不满意""无法评估"共五项。其中，"满意""很满意"属于满意的范围，"不满意""很不满意"属于不满意的范围。对母校的总体满意度是回答满意范围的人数占比，计算公式的分子是回答满意范围的人数，分母是回答不满意范围和满意范围的总人数。

五届保持稳定；其他高职院校毕业生对母校的满意度持续提升，与"双高"院校的差距从 2015 届相差 6 个百分点缩减至 2019 届的 4 个百分点（见图 9 – 1、图 9 – 2）。

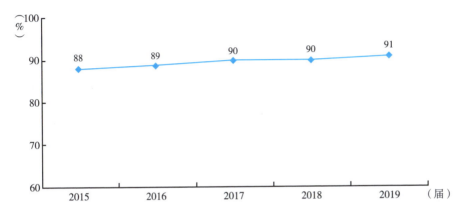

图 9 – 1　2015～2019 届高职毕业生对母校的总体满意度变化趋势

数据来源：麦可思 – 中国 2015～2019 届大学毕业生培养质量跟踪评价。

图 9 – 2　2015～2019 届各类型高职院校毕业生对母校的总体满意度变化趋势

数据来源：麦可思 – 中国 2015～2019 届大学毕业生培养质量跟踪评价。

二 学生服务满意度

(一)教学满意度

教学满意度①持续上升,高等职业教育教学持续优化。从近五年的数据来看,毕业生对母校的教学满意度持续上升,由 2015 届的 87% 上升至 2019 届的 91%。从不同院校类型来看,"双高"院校教学满意度持续保持在 90% 及以上,且每年上升 1 个百分点;其他高职院校在 2019 届也首次达到 90%,"双高"院校和其他高职院校的教学满意度均表现出持续上升的趋势(见图 9-3、图 9-4)。

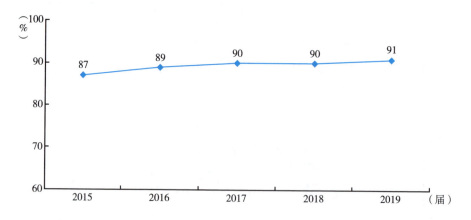

图 9-3 2015~2019 届高职毕业生对母校的教学满意度变化趋势

数据来源:麦可思-中国 2015~2019 届大学毕业生培养质量跟踪评价。

实习和实践的开展效果有所体现,但仍是教学工作中要重点改进的内容。从毕业生对母校教学的改进反馈来看,近三届毕业生认为实习和实践环

---

① **教学满意度:**由毕业生回答对母校的教学满意度,选项有"很满意""满意""不满意""很不满意""无法评估"共五项。其中,"满意""很满意"属于满意的范围,"不满意""很不满意"属于不满意的范围。教学满意度是回答满意范围的人数占比,计算公式的分子是回答满意范围的人数,分母是回答不满意范围和满意范围的总人数。

图 9 – 4　2015～2019 届各类型高职院校毕业生对母校的教学满意度变化趋势

数据来源：麦可思－中国 2015～2019 届大学毕业生培养质量跟踪评价。

节不够的比例始终排在首位，而从趋势变化来看，毕业生认为实习和实践环节不够的比例持续下降，从 2017 届的 60% 下降至 2019 届的 55%，实习和实践开展的成效有所体现（见图 9 – 5）。另外，调动学生学习兴趣、学生课

图 9 – 5　2017～2019 届高职毕业生认为母校的教学需要改进的地方

数据来源：麦可思－中国 2017～2019 届大学毕业生培养质量跟踪评价。

堂参与、课程内容更新也是毕业生期待改进较多的方面，推动课堂教学改革以提高学生"抬头率"、根据产业升级迭代及时更新课程内容也是教学改进的关键内容。

（二）求职服务满意度

毕业生对母校就业指导服务的满意度[①]持续上升，就业指导工作开展效果持续增强。从近四年的数据来看，毕业生对母校就业指导服务的满意度由2016届的79%上升至2019届的87%，四年内上升8个百分点（见图9-6）。就业指导服务工作的有效开展为毕业生顺利落实就业提供了坚实的保障。

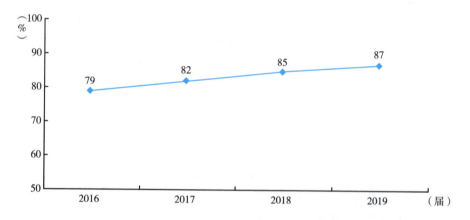

图9-6 2016～2019届高职毕业生对就业指导服务的满意度变化趋势

数据来源：麦可思-中国2016～2019届大学毕业生培养质量跟踪评价。

从不同院校类型来看，"双高"院校、其他高职院校均表现出持续上升的趋势。相对于其他高职院校，"双高"院校就业指导服务工作的开展得到

---

① **就业指导服务满意度**：由毕业生回答对母校就业指导服务的满意度，选项有"很满意""满意""不满意""很不满意""无法评估"共五项。其中，"满意""很满意"属于满意的范围，"不满意""很不满意"属于不满意的范围。就业指导服务满意度是回答满意范围的人数占比，计算公式的分子是回答满意范围的人数，分母是回答不满意范围和满意范围的总人数。

毕业生的认可度更高。"双高"院校、其他高职院就业指导服务满意度在2019届分别为89%、86%（见图9－7）。

图9－7　2016～2019届各类型高职院校毕业生对就业指导服务的满意度变化趋势

数据来源：麦可思－中国2016～2019届大学毕业生培养质量跟踪评价。

高校求职服务覆盖面较广，大学组织的招聘会和职业发展规划辅导仍有优化空间。从学校开展的具体求职服务来看，超过八成（85%）毕业生接受过母校提供的求职服务。其中，参与度排名前两位的是"大学组织的招聘会"（57%）和"职业发展规划"求职服务（37%），但从有效性来看，毕业生反馈这两类求职服务的有效性（分别为78%、79%）在各类求职服务中排名靠后，高校在开展求职服务的过程中，"质"和"量"需同时兼顾（见图9－8）。

（三）学生工作满意度

毕业生对母校学生工作的满意度[①]持续上升，育人工作效果持续改善。从近五年的数据来看，毕业生对学生工作的满意度由2015届的82%上升到2019届的89%，学生工作的开展效果进一步显现。从不同院校类型来看，

———————

① **学生工作满意度**：由毕业生回答对母校的学生工作满意度，选项有"很满意""满意""不满意""很不满意""无法评估"共五项。其中，"满意""很满意"属于满意的范围，"不满意""很不满意"属于不满意的范围。学生工作满意度是回答满意范围的人数占比，计算公式的分子是回答满意范围的人数，分母是回答不满意范围和满意范围的总人数。

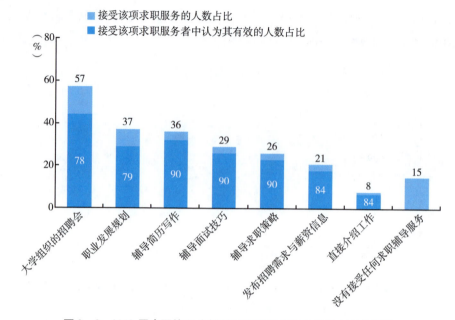

图9-8 2019届高职毕业生接受过求职服务的比例及有效性评价

数据来源：麦可思-中国2019届大学毕业生培养质量跟踪评价。

"双高"院校、其他高职院校毕业生对母校学生工作的满意度均表现出持续上升的趋势，其中，其他高职院校上升速度更快，在2018届和2019届追平"双高"院校，与"双高"院校保持在相同水平（见图9-9、图9-10）。

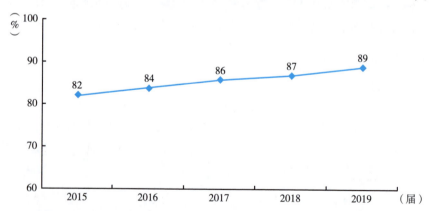

图9-9 2015~2019届高职毕业生对母校的学生工作满意度变化趋势

数据来源：麦可思-中国2015~2019届大学毕业生培养质量跟踪评价。

图9-10 2015~2019届各类型高职院校毕业生对母校的学生工作满意度变化趋势

数据来源：麦可思-中国2015~2019届大学毕业生培养质量跟踪评价。

另外，在毕业生对母校学生工作的改进反馈中，与辅导员或班主任接触时间太少、学生社团活动组织不够好和解决学生问题不及时是毕业生反馈母校学生工作中最需要改进的三个方面，但期待改进的程度呈下降趋势（见图9-11）。

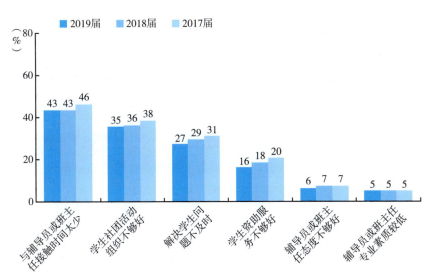

图9-11 2017~2019届高职毕业生认为母校的学生工作需要改进的地方

数据来源：麦可思-中国2017~2019届大学毕业生培养质量跟踪评价。

（四）生活服务满意度

毕业生对母校的生活服务满意度①持续上升，后勤服务工作开展效果进一步显现。从近五年的数据来看，毕业生对生活服务的满意度由 2015 届的 82% 上升到 2019 届的 90%，五年之内上升了 8 个百分点。从不同院校类型来看，"双高"院校、其他高职院校毕业生对母校生活服务的满意度均呈现上升的趋势，其中，其他高职院校与"双高"院校的差距进一步缩小，差距由 2015 届、2016 届的 3 个百分点进一步缩小到 2017~2019 届的 1 个百分点（见图 9-12、图 9-13）。

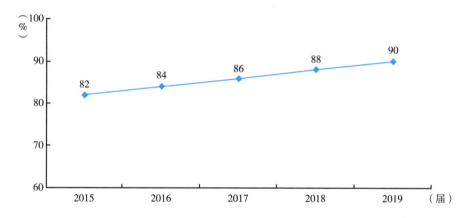

图 9-12 2015~2019 届高职毕业生对母校的生活服务满意度变化趋势

数据来源：麦可思-中国 2015~2019 届大学毕业生培养质量跟踪评价。

另外，在毕业生对母校生活服务的改进反馈中，食堂饭菜质量及服务、宿舍服务、学校洗浴服务方面均有三成以上的毕业生期待进一步改进，但在各个方面期待改进的程度呈现下降趋势（见图 9-14）。

---

① **生活服务满意度**：由毕业生回答对母校的生活服务满意度，选项有"很满意""满意""不满意""很不满意""无法评估"共五项。其中，"满意""很满意"属于满意的范围，"不满意""很不满意"属于不满意的范围。生活服务满意度是回答满意范围的人数占比，计算公式的分子是回答满意范围的人数，分母是回答不满意范围和满意范围的总人数。

图9-13 2015~2019届各类型高职院校毕业生对母校的生活服务满意度变化趋势

数据来源：麦可思-中国2015~2019届大学毕业生培养质量跟踪评价。

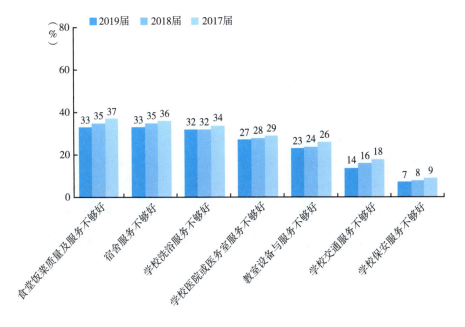

图9-14 2017~2019届高职毕业生认为母校的生活服务需要改进的地方

数据来源：麦可思-中国2017~2019届大学毕业生培养质量跟踪评价。

专题报告

Thematic Reports

B.10
高职贫困家庭毕业生就业分析

摘　要：　高等职业教育对实现脱贫攻坚的作用明显。本专题通过分
　　　　　析贫困地区农村家庭高职毕业生的院校与专业分布、就业
　　　　　质量以及对贫困地区的服务贡献，发现高职院校吸纳贫困
　　　　　地区农村生源较多，是保障其获得高等教育机会的主要渠
　　　　　道；贫困地区农村家庭高职毕业生有较好收入的脱贫效果
　　　　　显著，阻断了贫穷代际传递；通过当地就业反哺家乡发展，
　　　　　为贫困地区医疗、学前和小学教育等领域的发展提供了人
　　　　　才支撑。

关键词：　贫困地区农村生源　高等职业教育扶贫　脱贫成效

　　2020年是国家脱贫攻坚的决战决胜之年。作为脱贫攻坚的重要举措，
教育扶贫对于提高贫困人口文化素质、阻断贫困代际传递的意义重大。高等

职业教育在教育扶贫当中的作用明显：一方面，贫困地区农村家庭的孩子通过接受高等职业教育可掌握相应的专业知识与技能，从而可实现更高质量的就业，并带动全家脱贫，阻断贫穷的代际传递；另一方面，这些家庭的毕业生在家乡就业，可为贫困地区社会和经济发展提供技术技能人才支撑。本专题将从贫困地区农村生源①受教育机会、毕业生脱贫成效、对贫困地区的服务贡献三个方面入手，分析呈现高等职业教育对脱贫攻坚的实际作用和效果，从而为高等职业教育助力贫困地区实现稳定脱贫和可持续发展提供参考。

一　贫困地区农村生源受教育机会

（一）"家门口读书"的高职为贫困地区农村生源提供了更多的教育机会

接受高等教育是贫困地区农村生源实现收入向上流动的重要途径。各类型高等教育中高职院校吸纳了较多的贫困地区农村生源，"家门口读书"凸显了高职院校下沉到地区提供贫困地区职业教育的独特作用，这一特点较好地保证了贫困地区农村生源接受高等教育的机会。从不同类型院校近三届毕业生中贫困地区农村生源的占比来看，高职院校毕业生中的贫困地区农村生源比例为 9.9%，高于地方本科院校②（9.5%）和"双一流"院校（6.1%）（见图 10－1）。

---

① **贫困地区**：由国务院扶贫开发领导小组办公室公布的集中连片特困地区和片区外的国家扶贫开发工作重点县（共 832 个县）。
　贫困地区农村生源：指来自贫困地区农民与农民工家庭的毕业生。
　其他生源：指除来自贫困地区农民与农民工家庭以外的所有毕业生。
② 地方本科院校是除了"双一流"院校以外的其他本科院校。

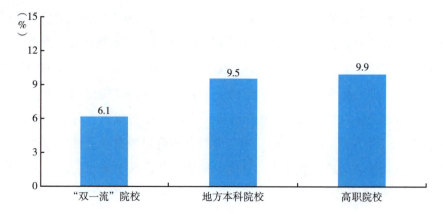

图 10 - 1　2017～2019 届不同院校类型贫困地区农村生源占比

数据来源：麦可思 - 中国 2017～2019 届大学毕业生培养质量跟踪评价。

（二）贫困地区农村生源就读高职的学校和专业较好地满足了当地人才需求特点

贫困地区农村生源就读集中于培养贫困地区所需人才的特色院校和专业，这样的人才培养体系能为脱贫打下百年树人的根基。

从不同类型的高职院校来看，贫困地区农村生源在毕业生中所占比例较大的主要是民族院校、农林院校、师范院校、工科院校、卫生院校。具体来看，2017～2019 届民族院校毕业生中贫困地区农村生源的比例为 19%，在各类型高职院校中最高；其后依次是农林院校（17%）、师范院校（15%）、工科院校（13%）、卫生院校（12%）（见图 10 - 2）。

从所学专业的专业大类来看，农林牧渔、医药卫生、资源环境与安全等大类中贫困地区农村生源的占比相对较高。具体来看，2017～2019 届农林牧渔大类毕业生中贫困地区农村生源的比例为 16%，在各专业大类中最高；其次是医药卫生大类、资源环境与安全大类（均为 14%）（见图 10 - 3）。

（三）贫困地区农村生源对高职教育满意度持续提升

贫困地区农村家庭的毕业生对母校的满意度是其在校学习生活经历的综

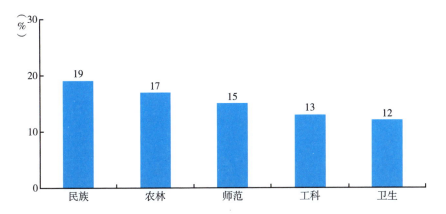

图 10 – 2　2017～2019 届高职生中贫困地区农村生源占比较高的院校类型

数据来源：麦可思 – 中国 2017～2019 届大学毕业生培养质量跟踪评价。

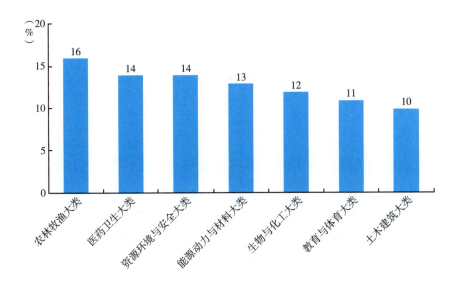

图 10 – 3　2017～2019 届高职生中贫困地区农村生源占比较高的专业大类

数据来源：麦可思 – 中国 2017～2019 届大学毕业生培养质量跟踪评价。

合体现，能从学生角度反映高职人才培养工作的成效，较高的就学满意度能让更多的贫困家庭孩子有动力接受高等教育，形成高职教育扶贫的良性循环。

贫困地区农村家庭高职毕业生对所受教育的满意度持续走高，近五届毕业生对母校满意度从 2015 届的 89% 上升到了 2019 届的 92%，且整体高于其他生源毕业生（87%~91%）（见图 10-4）。良好的培养成效为贫困地区农村家庭毕业生实现脱贫与发展奠定了坚实的基础。

图 10-4　2015~2019 届贫困地区农村家庭高职毕业生对母校的总体满意度变化趋势

数据来源：麦可思-中国 2015~2019 届大学毕业生培养质量跟踪评价。

二　贫困地区农村家庭高职毕业生收入的脱贫效果显著

贫困地区农村家庭毕业生收入高、实现"一人读书、全家脱贫"。 收入是毕业生通过高职教育收获回报的直接体现。贫困地区农村家庭高职毕业生的收入上得去，较高的收入阻断了贫穷家庭的代际传递，实现了"一人读书，全家脱贫"，并为贫困村庄起到教育脱贫的示范作用，更多家庭愿意送孩子接受教育，降低辍学率。2019 年，贫困地区农村家庭应届高职毕业生的月收入为 4125 元，工作三年的月收入为 6199 元，工作五年的月收入为 7477 元，分别是贫困地区农村居民月均收入（964 元）的 4.3 倍、6.4 倍、7.8 倍，分别是全国农民工月均收入（3962 元）的 1.04 倍、1.6 倍、1.9 倍，高职教育脱贫效果显著（见图 10-5、图 10-6）。

图 10 – 5   2015～2019 届贫困地区农村家庭高职毕业生毕业半年后的月收入变化趋势

数据来源：麦可思 – 中国 2015～2019 届大学毕业生培养质量跟踪评价；国家统计局住户调查办公室所编《中国农村贫困监测报告》；国家统计局相应年份的《中华人民共和国国民经济和社会发展统计公报》。

图 10 – 6   2019 年贫困地区农村家庭高职毕业生就业中期的月收入

数据来源：麦可思 – 中国 2014 届大学毕业生五年后、2016 届大学毕业生三年后职业发展跟踪评价；国家统计局住户调查办公室所编《中国农村贫困监测报告》；国家统计局相应年份的《中华人民共和国国民经济和社会发展统计公报》。

137

三　高职对贫困地区的人才贡献

（一）贫困地区的农村家庭高职毕业生在家乡的就业比例高，是人才吸引力弱的贫困地区不可替代的人才供应生命线

在实现个人与家庭脱贫的同时，贫困地区农村家庭高职毕业生对贫困地区的技术技能人才队伍建设支撑力度较大。贫困地区农村家庭2019届高职毕业生在贫困地区就业的比例高达21.1%，是其他生源毕业生在贫困地区就业比例（3.5%）的6倍，充分体现了高职毕业生服务本地社会经济发展的人才"留得住"特点。贫困地区农村家庭高职毕业生在贫困地区就业的比例上升趋势明显，在贫困地区就业的比例从2015届的17.9%上升到了2019届的21.1%，上升幅度约为18%，这为贫困地区社会和经济的可持续发展奠定了越来越坚实的职业人才基础（见图10-7）。

图10-7　2015~2019届贫困地区农村家庭高职毕业生在贫困地区的就业比例

数据来源：麦可思-中国2015~2019届大学毕业生培养质量跟踪评价。

（二）贫困地区农村家庭高职毕业生就业领域主要为当地急需人才的基础行业如医疗、教育和农牧业

贫困地区农村家庭高职毕业生对家乡人才支撑较为集中的领域主要为医疗（2019 届 24.4%）和教育（2019 届 17.9%），并呈现快速上升趋势。其中，在医疗机构任职的近三成去了基层医疗/公共卫生服务机构，如社区门诊、乡村卫生院和疾病预防控制中心等，这对于贫困地区公共卫生系统的建设至关重要；在教育机构任职的主要集中在贫困地区较为薄弱的学前和小学教育领域。此外对政府及公共管理和农林牧渔业的人才支撑也比较显著。

从近五届的趋势变化来看，贫困地区农村生源高职毕业生在贫困地区教育业就业的比例增长最为明显，2019 届较 2015 届上升了 7.2 个百分点，其中在小学教育、幼儿与学前教育领域均上升了 3.6 个百分点；其次是医疗和社会护理服务业，上升了 4.7 个百分点；另外，毕业生在政府及公共管理、农林牧渔业就业的比例分别上升了 2.5、1.3 个百分点（见表 10 - 1）。

表 10 - 1　2015 ~ 2019 届贫困地区农村家庭高职毕业生
在贫困地区就业的主要行业

单位：%

主要行业	2015 届	2016 届	2017 届	2018 届	2019 届
医疗和社会护理服务业	19.7	20.9	22.7	22.7	24.4
其中:医院	11.0	13.9	13.2	13.2	13.5
基层医疗/公共卫生服务机构	3.4	3.2	4.7	4.9	6.8
教育业	10.7	12.5	14.6	16.1	17.9
其中:小学教育	4.8	8.3	8.6	9.5	8.4
幼儿与学前教育	2.6	2.6	3.9	4.9	6.2
政府及公共管理	6.8	7.2	9.1	9.0	9.3
农、林、牧、渔业	2.4	3.8	4.1	4.0	3.7

数据来源：麦可思 - 中国 2015 ~ 2019 届大学毕业生培养质量跟踪评价。

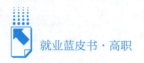

参考文献

国家统计局住户调查办公室编《中国农村贫困监测报告 2019》，中国统计出版社，2019。

李兴洲、邢贞良：《攻坚阶段我国教育扶贫的理论与实践创新》，《教育与经济》2018 年第 1 期。

B.11
高职医学专业毕业生从医分析

摘　要：　健康中国建设对医护人才培养提出了新的、更高的要求，2020年的新冠肺炎疫情抗疫工作也对国家的医疗卫生系统及其人才支撑提出了更高的要求。医学人才培养将影响国家的安全和发展。分析医学人才培养情况在当下极具迫切性和重要性。本专题通过分析高职医学专业毕业生的从医情况以及医学专业的培养质量，发现在高职医学专业毕业生整体从医比例逐年上升、对二三线城市及基层的医疗卫生单位服务贡献程度较大的情况下，护理类专业对医疗卫生领域的服务贡献度仍需进一步提升以促进护士短缺现象的缓解；同时临床类专业实践教学环节仍需进一步完善，毕业生的法律意识以及自主学习、终身学习的观念仍待进一步提升。

关键词：　健康中国建设　高职医学专业　从医　人才培养

健康是促进人的全面发展的必然要求，是经济社会发展的基础条件。在全面建成小康社会的重要阶段，健康中国建设稳步推进，卫生与健康事业取得了长足发展。健康人力资源建设是卫生与健康事业发展的根本支撑与保障，完善医护人才培养体系是加强健康人力资源建设的关键举措。近年来我国高职医学专业毕业生规模持续扩大，教育部统计数据显示，2015年全国高职医药卫生大类毕业生有34.3万人，到2018年上升至45.7万人，增长幅度达33%，是增长较快的专业大类，这为卫生与健康事业的发展提供了重要的人才支撑。与此同时，健康中国建设的深入对医护人才培养提出了新的、更高的要求，2020年的新冠肺炎疫情抗疫工作也对国家的医疗卫生系统及其人才支撑提出了更高的要求。因此，医护人才培养工作需持续改进以适应国家卫生与健康事业发展的需要。本专题将从高职医学专业①毕业生的从医情况入手，呈现毕业生对不同医学机构、岗位的服务贡献情况以及对专业培养过程的反馈，分析专业培养环节可能存在的不足，从而为人才培养工作的持续改进提供参考。

一 高职医学专业毕业生从医比例持续上升

随着国家卫生与健康事业的不断发展，高职医学专业毕业生对相关领域的服务贡献持续加大。数据显示，近年来高职医学专业毕业生的从医比例②持续上升，从2015届的85.7%上升到了2019届的89.0%，五年内上升了3.3个百分点（见图11-1）。从不同专业来看，毕业生的从医选择有所差

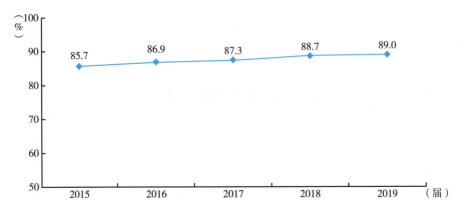

图11-1 2015～2019届高职医学专业毕业生从医比例的变化趋势

数据来源：麦可思-中国2015～2019届大学毕业生培养质量跟踪评价。

---

① 本专题分析的**医学专业**包括护理类、临床类、医学技术类、药学类。
② **从医比例**指毕业生在医疗相关行业就业的比例，其中医疗相关行业包括医院、基层医疗/专业公共卫生服务机构、康复/养老/健康/护理服务机构、医药及设备制造业。

异。其中，2019 届高职临床类专业毕业生从医比例较高，历届均超过 90%；护理类专业毕业生从医比例整体呈上升趋势，从 2015 届的 88.0% 上升到了 2019 届的 89.4%；药学类专业毕业生从医比例较低，从事专业无关的毕业生主要在零售业（见表 11-1）。

表 11-1　2015~2019 届高职各类医学专业毕业生从医比例的变化趋势

单位：%

高职医学专业类名称	2015 届	2016 届	2017 届	2018 届	2019 届
临床类	93.1	92.4	93.7	93.0	92.7
护理类	88.0	89.0	89.6	90.5	89.4
医学技术类	77.3	78.2	78.0	78.8	78.5
药学类	66.9	66.9	65.3	64.6	63.6

数据来源：麦可思-中国 2015~2019 届大学毕业生培养质量跟踪评价。

不同类型医学专业毕业生的从医特点以及培养环节存在差异，下面将以规模较大的护理类专业为主展开各类医学专业的分析，了解其差异化特点，从而为人才培养工作的持续改进提供更有针对性的参考依据。

二　高职护理类专业毕业生从医分析

（一）高职护理类专业从医毕业生更多下沉到地方医院和基层

高职护理类专业从医比例近九成（2019 届为 89.4%），从事护士岗位的比例 2019 届为 78.9%（见图 11-2）。医院是高职护理类专业从医毕业生最主要的去向，历年均吸纳超过六成的从医毕业生，高于其他医学类专业（基本不超过半数）；其次是基层医疗/专业公共卫生服务机构，且占比呈现上升趋势，从 2015 届的 16.9% 上升到了 2019 届的 19.8%（见表 11-2）。结合就业所在的城市类型来看，高职护理类专业从医毕业生在地级及以下城市的比例（2019 届 72%）明显高于本科护理类专业（2019 届 53%），可见毕业生从医更多下沉至地方医院和基层。另外，随着社会老龄化程度的加深，护理服务的重点逐渐从传统医疗机构内护理向社区和家庭护理延伸，毕业生在康复/养老/健康/护理服务机构的占比也呈上升趋势（从2015届的15.2%上升到了2019届的16.4%），这有助于促进老龄化、社区化、均衡化卫生健康体系的建设与完善，未来可持续关注该领域的需求。

图11-2　2015～2019届高职护理类专业毕业生从医比例的变化趋势

数据来源：麦可思-中国2015～2019届大学毕业生培养质量跟踪评价。

表11-2　2015～2019届高职护理类专业从医毕业生在各医学机构的分布

单位：%

各医学机构	2015届	2016届	2017届	2018届	2019届
医院	65.7	64.1	63.1	62.4	61.4
基层医疗/专业公共卫生服务机构	16.9	17.5	18.4	18.5	19.8
康复/养老/健康/护理服务机构	15.2	16.1	16.3	16.7	16.4
医药及设备制造业	2.2	2.3	2.2	2.4	2.4

数据来源：麦可思-中国2015～2019届大学毕业生培养质量跟踪评价。

护理类专业是高职医药卫生大类中规模最大的专业类，对国家护士队伍建设具有重要的支撑作用。在2020年2月29日举行的国务院联防联控机制发布会上，国家卫健委医政医管局监察专员郭燕红介绍，全国派出抗疫精锐医疗力量达到 4.2 万人，其中护士为 2.86 万人，占医疗队总人数的 68%，在患者医疗救治中发挥了重要作用①。世界卫生组织总干事谭德塞为纪念世界卫生日发表感言称："对任何国家和地区的卫生体系而言，护士都是当之无愧的骨干力量。"并指出目前全球护士仍有 590 万人的缺口②。在 2020 年抗击新冠肺炎疫情的过程中，护士短缺的现象引起了多方关注和重视。

而与此同时，当前高职护理类专业毕业生从医比例与临床类专业相比仍相对偏低，护理类专业对医疗卫生领域的服务贡献仍有进一步提升的空间。相关院校可以本次抗疫为契机审视护理类专业办学及人才培养情况，从而更好地助力国家护士队伍建设。值得注意的是，当前护理类专业毕业生中，农村生源占比较高（2019 届 56%，高于全国高职平均水平 51%），且从医意愿更强（见图 11 – 3）。因此，未来护理类专业招生可考虑进一步向农村生源特别是经济后发地区的农村生源倾斜，并引导和鼓励毕业生留在生源地就业。

图 11 – 3 2015 ～ 2019 届高职护理类专业农村生源毕业生从医比例变化趋势

数据来源：麦可思 – 中国 2015 ～ 2019 届大学毕业生培养质量跟踪评价。

---

① 《国家卫健委：支援抗疫一线医务人员中护士占比 68%》，人民网，2020 年 2 月 29 日。
② 《抗疫一线护士成世界卫生日主角　世卫：全球仍缺 600 万》，参考消息网，2020 年 4 月 8 日。

（二）高职护理类专业从医毕业生的培养质量

薪资水平能在一定程度上反映从医毕业生的发展状况。高职护理类专业毕业生从医的岗位主要是护士，从护士岗位整体来看，高职护士岗位的初始薪资近五年持续提升，从2015届的2983元提升到2019届的3790元（见图11-4）。与此同时，工作三年的薪资水平也持续提升，从2017年的5197元提升到2019年的5707元（见图11-5）。毕业生的收入水平随着工作时间的推移增长潜力较大，工作五年（2014届）的月收入达6725元。

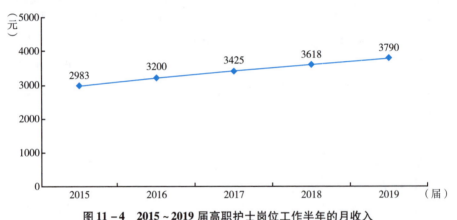

图11-4　2015~2019届高职护士岗位工作半年的月收入

数据来源：麦可思-中国2015~2019届大学毕业生培养质量跟踪评价。

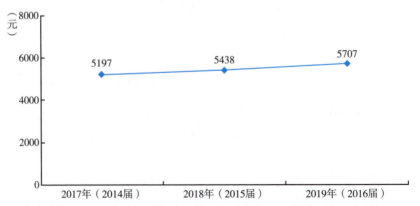

图11-5　2014~2016届高职护士岗位工作三年的月收入

数据来源：麦可思-中国2014~2016届大学毕业生三年后职业发展跟踪评价。

就业满意度反映了毕业生主观层面对自身就业与发展状况的感受，也是专业培养质量的体现。护士岗位高职毕业生的就业满意度高，2019 年工作半年（2019 届）的就业满意度为 67%，工作五年（2014 届）的就业满意度为 75%，高于其他从医岗位（见图 11-6）。

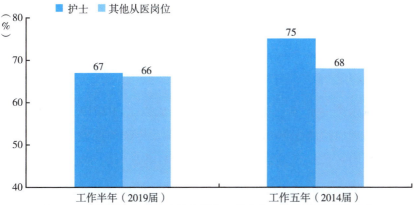

图 11-6　高职毕业生从事护士岗位工作半年、五年的就业满意度

数据来源：麦可思 – 中国 2019 届大学毕业生培养质量跟踪评价，2014 届大学毕业生五年后职业发展跟踪评价。

教学满意度是专业培养质量的综合体现。高职护理类专业从医毕业生对教学的满意度整体较稳定，近几年基本保持在 94%，与其他医学专业相比呈现优势（见图 11-7）。当然在培养过程中需关注的是，当前毕业生认为

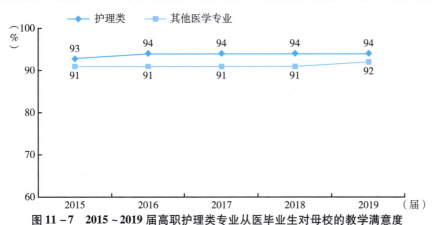

图 11-7　2015～2019 届高职护理类专业从医毕业生对母校的教学满意度

数据来源：麦可思 – 中国 2015～2019 届大学毕业生培养质量跟踪评价。

无法调动学生学习兴趣的比例（2019届48%）与其他医学专业（2019届42%）相比仍偏高，护理类专业在教学过程中对于学生学习兴趣的激发和调动仍需进一步强化。

三　高职临床类专业毕业生从医分析

（一）高职临床类专业从医毕业生主要服务于基层医疗卫生单位

高职临床类专业毕业生从医比例在九成以上（2019届为92.7%），从事医生助理岗位的比例2019届为46.5%。传统的医院和基层医疗/专业公共卫生服务机构是高职临床类专业从医毕业生的主要去向，两者合计吸纳了九成左右的从医毕业生（2019届88.1%）（见表11-3）。结合就业所在的城市类型来看，高职临床类专业从医毕业生有近八成（2019届79%）集中在地级及以下城市，该比例明显高于其他医学专业（2019届70%）。由此可见，临床类专业从医毕业生对基层医疗卫生单位的服务贡献程度较高。基层医疗卫生条件的改善是建设健康中国的重点，对逐步缩小城乡、地区、人群间基本健康服务和健康水平的差距具有重要意义，是实现全民健康覆盖、促进社会公平的重要体现。毕业生面向基层的服务贡献对于改善基层医疗卫生服务、解决基层群众"看病难"问题具有积极影响。

表11-3　2015~2019届高职临床类专业从医毕业生在各医学机构的分布

单位：%

各医学机构	2015届	2016届	2017届	2018届	2019届
医院	52.3	51.4	50.5	49.2	48.5
基层医疗/专业公共卫生服务机构	37.5	38.6	38.7	39.1	39.6
康复/养老/健康/护理服务机构	6.5	6.9	7.7	8.4	9.0
医药及设备制造业	3.7	3.1	3.1	3.3	2.9

数据来源：麦可思-中国2015~2019届大学毕业生培养质量跟踪评价。

（二）高职临床类专业的培养环节需重点关注

相关研究表明，健康中国建设要求建立完善医学人才培养供需平衡机制，不同学历层次医学院校的医学专业规模需以行业需求为导向合理调控[①]。在此背景下，高职临床类专业更需注重专业内涵建设，持续提升专业培养质量。

从薪资水平来看，高职临床类专业从医毕业生的初始薪资近五年持续提升，从 2015 届的 2767 元提升到 2019 届的 3382 元（见图 11 - 8）。与此同时，工作三年的薪资水平也持续提升，从 2017 年的 4670 元提升到 2019 年的 5184 元（见图 11 - 9）。毕业生的收入水平随着工作时间的推移增长潜力较大，工作五年（2014 届）的月收入达 7319 元。

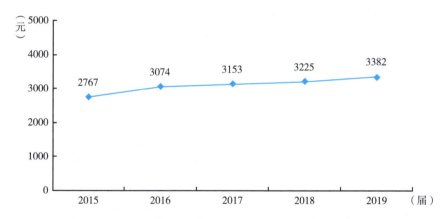

图 11 - 8　2015 ～ 2019 届高职临床类专业从医毕业生工作半年的月收入

数据来源：麦可思 - 中国 2015 ～ 2019 届大学毕业生培养质量跟踪评价。

从就业感受来看，高职临床类专业从医毕业生的就业满意度与其他医学专业相比仍偏低（见图 11 - 10），其中毕业生因工作能力不够、压力大而对自身现状产生不满的比例（2019 届 29%）高于其他医学专业（2019 届

---

① 汪玲：《论健康中国建设对医学人才培养的新要求》，《中国大学教学》2017 年第 2 期，第 25 ～ 31 页。

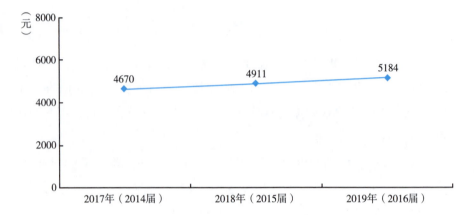

图 11-9　2014~2016 届高职临床类专业从医毕业生工作三年的月收入

数据来源：麦可思-中国 2014~2016 届大学毕业生三年后职业发展跟踪评价。

24%）。这也在一定程度上反映出高职临床类专业培养环节对毕业生相关能力的支撑力度仍有不足，有待进一步提升。

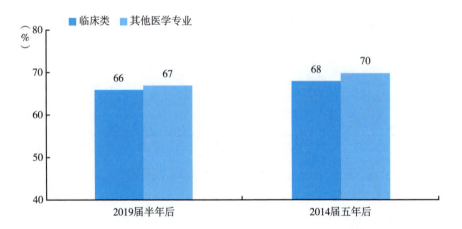

图 11-10　高职临床类专业从医毕业生工作半年、五年的就业满意度

数据来源：麦可思-中国 2019 届大学毕业生培养质量跟踪评价，2014 届大学毕业生五年后职业发展跟踪评价。

从教学评价来看，高职临床类专业从医毕业生对教学的满意度与其他医学专业相比整体仍偏低（见图 11-11）；从教学改进需求来看，临床类专业从医毕业生对实践教学的改进需求较为突出，2019届有65%的人认为实习和实践环节不够，该比例高出其他医学专业（54%）较多（见图11-12），实践教学环节仍有较大的提升空间。实践教学是实现人才培养目标的关键环节，对此相关院校和专业需进一步完善实践教学体系，在培养学生医学基础理论知识的同时，更加注重强化其临床实践操作技能，从而更好地促进专业培养质量的提升。

图11-11　2015～2019届高职临床类专业从医毕业生对母校的教学满意度

数据来源：麦可思-中国2015～2019届大学毕业生培养质量跟踪评价。

此外，良好的职业素质是医学专业毕业生从医的必备条件。毕业生职业素质满足度能反映其毕业基本要求的达成情况，也是衡量专业培养质量的重要因素。当前高职临床类专业毕业生在法律意识、学习观念方面的达成效果仍相对不足，这两类职业素质的满足度（均为85%）与其他医学专业（均为89%）相比仍偏低。

在当前医患关系仍有较大改善空间的情况下，医学工作者更需要树立依法行医的观念和意识，遵从医护法规，自觉将专业行为纳入法律和伦理允许的范围内，并运用法律法规保护医护对象和自身的权益；另外，处在当下日新月异的医学进步环境中，医学工作者也需认识到持续自我完善的重要性，并树立自主学习、终身学习的观念，不断推动自我完善和发展。对此，相关

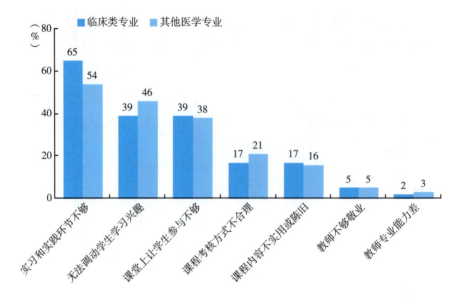

图 11 - 12　2019 届高职临床类专业从医毕业生认为母校的教学需要改进的地方

数据来源：麦可思 - 中国 2019 届大学毕业生培养质量跟踪评价。

院校和专业需更加注重学生上述职业素质的培养和提升，从而为其更高质量的就业与发展奠定良好基础。

四　高职药学类专业可进一步关注医药制造领域的需求

在其他医学专业毕业生从医比例普遍呈上升趋势的情况下，高职药学类专业毕业生从医比例从 2015 届的 66.9% 下降到了 2019 届的 63.6%。但从毕业生在各医学机构的分布构成来看，毕业生在医药及设备制造业的占比最高，且呈现上升趋势，从 2015 届的 30.2% 上升到了 2019 届的 34.8%（见表 11 - 4）。随着人民对健康日益重视，药品和医疗设备领域的需求不断增加，同时研发和生产技术持续进步促进了医药产业的发展，药品、医疗器械制造领域转型升级加快，对相关专业毕业生的吸纳程度进一步提升。高职药学类专业可进一步关注该领域的需求，并相应调整和完善培养环节，从而更好地提升对卫生与健康事业的服务贡献。

表 11 - 4　2015～2019 届高职药学类专业从医毕业生在各医学机构的分布

单位：%

各医学机构	2015 届	2016 届	2017 届	2018 届	2019 届
医药及设备制造业	30.2	31.9	31.6	33.1	34.8
康复/养老/健康/护理服务机构	23.0	22.8	23.0	23.7	23.7
医院	24.4	23.6	22.7	21.8	21.2
基层医疗/专业公共卫生服务机构	22.4	21.7	22.7	21.4	20.3

数据来源：麦可思 - 中国 2015～2019 届大学毕业生培养质量跟踪评价。

参考文献

余兴安主编《中国企业人力资源发展报告（2019）》，社会科学文献出版社，2019。

汪玲：《论健康中国建设对医学人才培养的新要求》，《中国大学教学》2017 年第 2 期。

刘华平：《关于我国护理人力资源状况和加强护理紧缺人才培养培训工作的建议》，《郑州铁路职业技术学院学报》2004 年第 3 期。

B.12
"双高"专业群基线分析

摘　要：　"双高计划"的实施是推进高等职业教育改革创新、优化技术技能人才培养的重要举措，而高水平专业群建设是"双高计划"的核心任务之一。"双高计划"遴选坚持质量为先、改革导向、扶优扶强。本专题对比入选"双高计划"的专业（高水平专业）与未入选的同专业在人才培养、课程与教学、社会服务方面建设初期的质量差异，从数据来看，高水平专业技术技能人才培养效果更为明显，课程与教学对人才培养的支撑力度更强，且对区域、产业发展的服务贡献程度更高，体现了遴选扶优扶强的原则，支持基础条件优良、改革成效突出、办学特色鲜明的高职学校和专业群率先发展、发挥引领示范作用。

关键词：　高水平专业　技术技能人才培养　服务贡献

　　教育部、财政部联合出台《关于实施中国特色高水平高职学校和专业建设计划的意见》（以下简称"双高计划"），将集中力量建设50所左右高水平高职学校和150个左右高水平专业群，打造技术技能人才培养高地和技术技能创新服务平台，支撑国家重点产业、区域支柱产业发展，引领新时代职业教育实现高质量发展。"双高计划"遴选坚持质量为先、改革导向、扶优扶强，重点支持就业率高、毕业生水平高、社会支持度高，校企结合好、实训开展好、"三教"质量好的学校。随着教育部、财政部于2019年底公布了"双高计划"第一轮建设单位名单，入选专业在高素质技术技能人才培养、课程建设与教学工作开展、社会服务等方面的建设成效备受关注。本专题将通过对比高水平专业与其他专业①在技术技能人才培养、课程与教学、社会服务方面的结果差异，呈现双高院校和专业在高等职业教育改革与发展过程中的示范引领作用。"双高计划"择优遴选只是第一步，更需要关注未来四年的建设，持续评价其建设成果，保证周期性建设目标的达成，实现"到2022年，列入计划的高职学校和专业群办学水平、服务能力、国际影响显著提升"，"到2035年，一批高职学校和专业群达到国际先进水平"。

一 技术技能人才培养效果

（一）就业质量

"双高计划"致力于打造技术技能人才培养高地，持续提高人才培养质量，为国家产业转型升级提供高素质技术技能人才支撑。"以就业为导向"是职业教育人才培养的出发点，毕业生的就业质量是技术技能人才培养效果的重要体现。通过了解毕业生的就业质量，可以发现技术技能人才培养过程中存在的不足，从而为培养目标、毕业要求、课程与教学等方面的科学化、系统化、持续化改进提供重要依据。

就业满意度是就业质量在毕业生主观感觉层面的体现。从2015～2019届毕业生的就业满意度来看，高水平专业毕业生的就业满意度更高，毕业生的就业满意度（63%～68%）均高出其他专业毕业生（60%～66%）2～3个百分点（见图12-1）。从主要专业大类来看，交通运输大类高水平专业

---

① **高水平专业**指"双高计划"第一轮建设单位名单中253个专业群的核心专业（如"机电一体化技术专业群"的核心专业为"机电一体化技术"），与未入选"双高计划"的同专业（统称**其他专业**）进行对比。另外在专业大类层面，本专题结合数据样本情况选取了专业群所覆盖专业大类中布点最多的4个大类，即装备制造大类、交通运输大类、电子信息大类、财经商贸大类，与未入选的同专业大类进行对比。

较其他专业的优势最为明显。2017～2019届交通运输大类中高水平专业毕业生的就业满意度（分别为72%、73%、73%）均超过70%，比其他专业毕业生（均为67%）高出5～6个百分点（见表12-1）。

图12-1 2015～2019届高职高水平专业毕业生的就业满意度变化趋势

数据来源：麦可思－中国2015～2019届大学毕业生培养质量跟踪评价。

表12-1 2017～2019届高职主要专业大类高水平专业毕业生的就业满意度

单位：%

高职专业大类名称	专业类型	2019届	2018届	2017届
交通运输大类	高水平专业	73	73	72
	其他专业	67	67	67
财经商贸大类	高水平专业	70	68	68
	其他专业	67	66	65
电子信息大类	高水平专业	68	67	66
	其他专业	64	64	64
装备制造大类	高水平专业	65	65	64
	其他专业	64	63	63

数据来源：麦可思－中国2017～2019届大学毕业生培养质量跟踪评价。

月收入是毕业生就业竞争力与职业发展状况的直接体现。高水平专业毕业生的初始薪资水平更高，且在就业中期的增长潜力更大（见图12-2、图12-3）。从初始薪资来看，2015～2019届高水平专业毕业生半年后的月收入（3608～4491元）比其他专业毕业生（3503～4363元）普遍高出100元以上。从薪资增长来看，2016届高水平专业毕业生三年后的月收入（6805元）与毕业半年后（3800元）相比涨幅为79%，高于其他专业毕业生（三年后月收入6438元，较半年后涨幅为75%）。

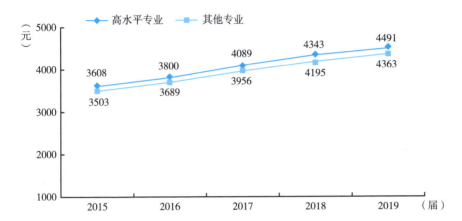

图 12 – 2　2015～2019届高职高水平专业毕业生半年后的月收入变化趋势

数据来源：麦可思 – 中国2015～2019届大学毕业生培养质量跟踪评价。

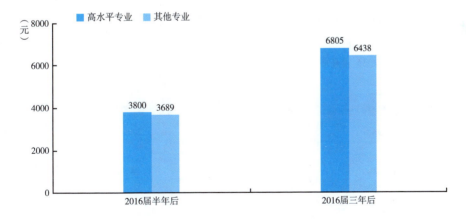

图 12 – 3　2016届高职高水平专业毕业生三年后的月收入

数据来源：麦可思 – 中国2016届大学毕业生三年后职业发展跟踪评价，2016届大学毕业生培养质量跟踪评价。

从主要专业大类来看，交通运输大类高水平专业较其他专业的优势最为明显（见表12 - 2、表12 - 3）。2017 ~ 2019 届交通运输大类中高水平专业毕业生半年后的月收入（分别为 4541 元、4808 元、5176 元）分别比其他专业毕业生（分别为 4278 元、4642 元、4885 元）高 263 元、166 元、291元；此外该大类中高水平专业毕业生三年后的收入涨幅最为明显，2016 届毕业生三年后月收入较半年后的涨幅为 91%，明显高于其他专业毕业生（82%）。

表12 - 2 2017 ~ 2019 届高职主要专业大类高水平专业毕业生半年后的月收入

单位：元

高职专业大类名称	专业类型	2019 届	2018 届	2017 届
交通运输大类	高水平专业	5176	4808	4541
	其他专业	4885	4642	4278
电子信息大类	高水平专业	4767	4538	4294
	其他专业	4568	4354	4142
装备制造大类	高水平专业	4752	4539	4272
	其他专业	4622	4448	4183
财经商贸大类	高水平专业	4589	4364	4073
	其他专业	4376	4111	3836

数据来源：麦可思 - 中国 2017 ~ 2019 届大学毕业生培养质量跟踪评价。

表12 - 3 2016 届高职主要专业大类高水平专业毕业生三年后的月收入与涨幅

单位：元，%

高职专业大类名称	专业类型	2016 届半年后	2016 届三年后	涨幅
电子信息大类	高水平专业	4140	7913	91
	其他专业	3947	7459	89
交通运输大类	高水平专业	4032	7711	91
	其他专业	3908	7109	82
装备制造大类	高水平专业	3950	7132	81
	其他专业	3836	6768	76
财经商贸大类	高水平专业	3785	6540	73
	其他专业	3560	6020	69

数据来源：麦可思 - 中国 2016 届大学毕业生三年后职业发展跟踪评价，2016 届大学毕业生培养质量跟踪评价。

除了薪资涨幅外，职位晋升情况也是毕业生中期职业发展成就的体现。高水平专业毕业生的中期职业发展成就更高，在就业量较大的民营企业/个体、国有企业中，毕业三年内获得职位晋升的比例均高于其他专业在同类型单位就业的毕业生（见表12－4）。

表12－4　2014～2016届高职高水平专业毕业生三年内在主要
就业单位平均获得职位晋升的比例

单位：%

主要就业单位类型	专业类型	2016届	2015届	2014届
民营企业/个体	高水平专业	66	67	67
	其他专业	65	66	66
国有企业	高水平专业	54	55	55
	其他专业	52	53	54

数据来源：麦可思－中国2014～2016届大学毕业生三年后职业发展跟踪评价。

（二）能力达成情况

毕业生能力达成是其实现高质量就业与发展的前提，高水平技术技能人才培养离不开包括能力在内的毕业要求支撑。面向实际就业领域的基本工作能力[①]涵盖了认知能力、合作能力、创新能力、职业能力等，是毕业生能力体系的重要组成部分。整体来看，高水平专业毕业生在毕业时掌握的基本工作能力水平更高，能力达成效果更好。2015～2019届毕业生数据显示，高水平专业毕业生的基本工作能力掌握水平（2015～2019届在53%～56%）持续高于其他专业毕业生（2015～2019届在52%～54%）（见图12－4）。

进一步从各类能力的达成效果来看，高水平专业毕业生认知能力、合作

[①] 从事某项职业必须具备的工作能力，可分为职业工作能力和基本工作能力；职业工作能力是从事某一职业需要的能力，基本工作能力是所有工作都必须具备的能力。麦可思参考美国SCANS标准，把基本工作能力分为35项。**毕业时掌握的基本工作能力水平**指正在工作的大学毕业生在毕业时掌握的基本工作能力水平等级，从低到高分为一级到七级，一级代表该能力的最低水平，七级代表该能力的最高水平。

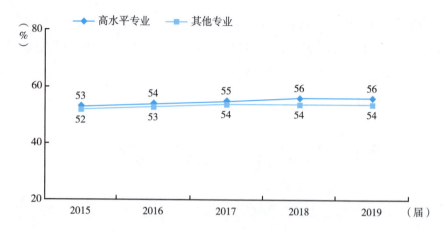

图 12－4 2015～2019 届高职高水平专业毕业生毕业时掌握的基本工作能力水平

数据来源：麦可思－中国 2015～2019 届大学毕业生培养质量跟踪评价。

能力、创新能力、职业能力的达成效果与其他专业毕业生相比均呈现优势，其中在合作能力达成方面的优势最为明显，其毕业时的掌握水平（56%）比其他专业毕业生（53%）高 3 个百分点（见图 12－5）。对此，相关院校和专业可基于主要就业领域的需求，进一步完善能力本位的课程体系，同时在日常教学过程中有意识地融入团队合作、创新实践等内容，从而更好地促进毕业生的能力达成，不断强化高水平技术技能人才培养效果。

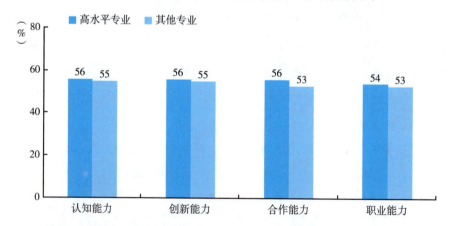

图 12－5 2019 届高职高水平专业毕业生毕业时掌握的各类能力水平

数据来源：麦可思－中国 2019 届大学毕业生培养质量跟踪评价。

二 技术技能人才培养过程

（一）培养目标合理性

为促进专业资源整合和结构优化，实现人才培养供给侧和产业需求侧结构要素全方位融合，专业群的培养目标设计需要合理对接社会和产业发展需要。总体来看，高水平专业培养目标的合理性更强。从2016届毕业生三年后对培养目标的合理性评价来看，高水平专业毕业生有66%认为本专业培养目标符合相关行业发展需求，该比例明显高于其他专业毕业生（54%）（见图12-6）。对此，相关院校和专业可进一步梳理和明确自身的服务面向领域，对照相关领域的需求合理定位专业培养目标，并以此构建和完善相应的课程体系，从而为高水平技术技能人才培养奠定坚实的基础。

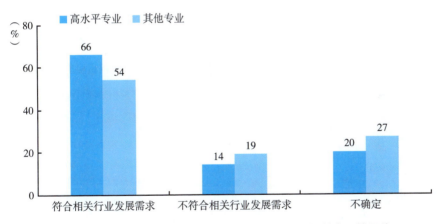

图12-6 2016届高职高水平专业毕业生对培养目标的合理性评价

数据来源：麦可思-中国2016届大学毕业生三年后职业发展跟踪评价。

（二）课程建设

课程是实现学生能力达成的基本单元，合理的课程体系是促进高水平技术技能人才培养的重要前提。核心课程重要度、满足度分别反映了专业核心课程设置的合理性与授课效果。高水平专业核心课程设置更加贴近实际工作，课程与实际工作的对接程度更高，且授课效果更为明显（见图 12 – 7、图 12 – 8）。从 2015 ~ 2019 届毕业生数据来看，高水平专业毕业生对核心课程的重要度评价基本稳定在 90%，持续高于其他专业毕业生（86% ~ 89%）；对核心课程的满足度评价（73% ~ 80%）稳步提升，比其他专业毕业生（68% ~ 78%）高出 2 ~ 5 个百分点。

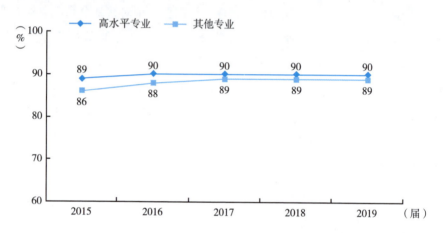

图 12 – 7　2015 ~ 2019 届高职高水平专业毕业生的核心课程重要度评价

数据来源：麦可思 – 中国 2015 ~ 2019 届大学毕业生培养质量跟踪评价。

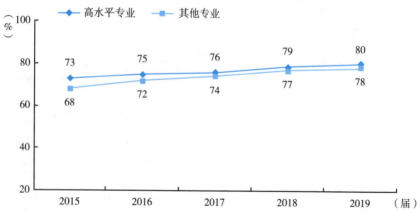

图 12 – 8　2015 ~ 2019 届高职高水平专业毕业生的核心课程满足度评价

数据来源：麦可思 – 中国 2015 ~ 2019 届大学毕业生培养质量跟踪评价。

从主要专业大类来看，财经商贸大类高水平专业的授课效果较其他专业优势最为明显，2019届高水平专业毕业生对课程的满足度评价（84%）比其他专业毕业生（78%）高6个百分点；与此同时，电子信息大类高水平专业的课程设置合理性较其他专业优势最为明显，高水平专业毕业生对课程的重要度评价（84%）比其他专业毕业生（79%）高5个百分点（见表12-5）。值得注意的是，财经商贸大类主要面向现代服务业，电子信息大类主要面向新一代信息技术产业，当前均发展较快，这对专业课程体系的更新和完善提出了更高要求，要求相关院校和专业深入了解对口产业的发展状况和趋势，并基于产业需求动态调整和完善自身的课程体系。可以看出，高水平专业课程体系与产业需求的对接及动态调整机制相比其他专业更为完善，课程体系对人才培养的支撑度更高。

表12-5 2019届高职主要专业大类高水平专业毕业生的核心课程重要度和满足度

单位：%

高职专业大类名称	专业类型	课程重要度	课程满足度
财经商贸大类	高水平专业	90	84
	其他专业	88	78
交通运输大类	高水平专业	88	83
	其他专业	88	80
装备制造大类	高水平专业	87	78
	其他专业	85	77
电子信息大类	高水平专业	84	71
	其他专业	79	68

数据来源：麦可思-中国2019届大学毕业生培养质量跟踪评价。

（三）教法评价

在完善课程建设的同时，更需要推进教学方法的改革与创新。教法改革是实现高职教育高质量发展的关键环节，对提升人才培养质量具有重要意义。传统的"满堂灌"教学模式已越来越难以适应专业教学需求，以课堂革命为核心的教学方法需要不断创新。

教学满意度是毕业生对教学过程整体效果的直观体现，可在一定程度上反映教学方法的实际运用成效。从 2015～2019 届毕业生数据来看，高水平专业教法运用效果更好，毕业生对教学满意度的评价（87%～92%）稳步提升，且普遍高于其他专业毕业生（86%～90%）。主要专业大类中，高水平专业毕业生的教学满意度总体上高于其他专业毕业生（见图 12－9、表 12－6）。

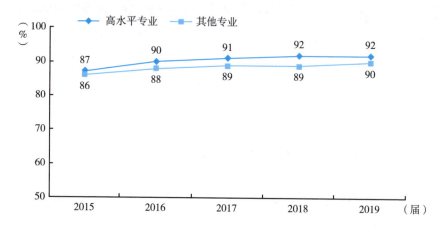

图 12－9　2015～2019 届高职高水平专业毕业生对母校的教学满意度变化趋势

数据来源：麦可思－中国 2015～2019 届大学毕业生培养质量跟踪评价。

表 12－6　2017～2019 届高职主要专业大类高水平专业毕业生对母校的教学满意度

单位：%

高职专业大类名称	专业类型	2019 届	2018 届	2017 届
财经商贸大类	高水平专业	95	94	93
	其他专业	93	92	92
交通运输大类	高水平专业	92	91	91
	其他专业	90	89	89
装备制造大类	高水平专业	90	90	89
	其他专业	89	89	89
电子信息大类	高水平专业	89	89	88
	其他专业	87	87	87

数据来源：麦可思－中国 2017～2019 届大学毕业生培养质量跟踪评价。

教法改革要求教师不再单纯按照书本进行单向的知识传授，而需要与学生进行更多的互动交流。从2015～2019届毕业生数据来看，高水平专业师生互动更为频繁，毕业生在校期间与任课教师高频交流（即每周或每月至少一次课下交流）的比例（58%～65%）呈现上升趋势，且普遍高于其他专业毕业生（56%～61%）（见图12–10）。

**图12–10 2015～2019届高职高水平专业毕业生与
任课教师高频交流比例的变化趋势**

数据来源：麦可思–中国2015～2019届大学毕业生培养质量跟踪评价。

除了师生互动外，学生与学生之间的互动学习与交流（即生生互动）也是教法改革的重要内容。从2016届毕业生三年后对在校学习经历的评价来看，高水平专业毕业生对在校期间生生互动的满意度（85%）相对更高（其他专业毕业生83%）（见图12–11）。生生互动是培养和提升合作能力的重要途径，良好的生生互动有助于促进毕业生合作能力的提升。

综上，相关院校和专业需进一步推进课堂革命，实现教法改革，通过推行项目教学、情景教学等教法，强化师生、生生互动，充分调动学生学习积极性，全方位、多角度培养和提升学生交流合作等能力，以此更好地促进课堂教学质量的提升。

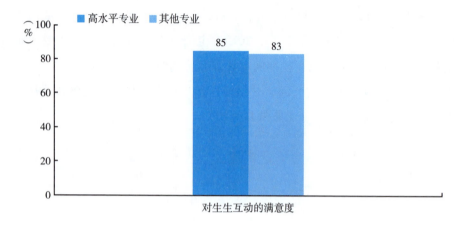

图 12 – 11　2016 届高职高水平专业毕业生对生生互动的满意度

数据来源：麦可思 – 中国 2016 届大学毕业生三年后职业发展跟踪评价。

（四）实践教学评价

实践教学是技术技能人才培养的重要组成部分，是培养和提升学生运用所学知识技能解决实际问题能力的关键途径。因此，高职教育需注重理论联系实际的教学模式，有意识地引导学生将专业理论知识与实践技能结合起来，并在解决实际工作难题的过程中有效运用。从 2016 届毕业生三年后对在校培养的评价来看，高水平专业实践教学整体开展效果较好，毕业生对理论联系实际教学模式的满意度（90％）比其他专业毕业生（84％）高 6 个百分点（见图 12 – 12）。对此，相关院校和专业可有针对性地完善实践教学环节，通过推进校企合作、产教融合等方式，为学生构建更加完善的实践平台，从而更好地促进实践教学质量的提升。

在不同专业大类中，高水平专业与其他专业毕业生在对各项实习实践环节的改进需求上有所差异。其中，装备制造大类中的其他专业毕业生对课程实验环节的改进需求相比高水平专业毕业生更为突出；交通运输大类、电子信息大类中的其他专业毕业生对校外顶岗实习环节的改进需求相比高水平专业毕业生更为突出；财经商贸大类中的其他专业毕业生对专业技能相关实训

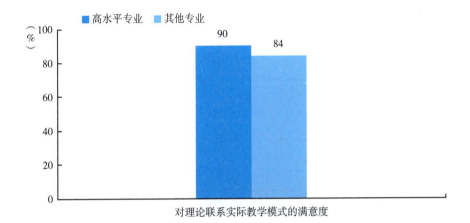

图 12 – 12　2016 届高职高水平专业毕业生对理论联系实际教学模式的满意度

数据来源：麦可思 – 中国 2016 届大学毕业生三年后职业发展跟踪评价。

的改进需求相比高水平专业毕业生更为突出（见图 12 – 13、图 12 – 14、图 12 – 15、图 12 – 16）。相关专业在完善实践教学过程中可有所侧重。

**图 12 – 13　2019 届高职装备制造大类高水平专业毕业生认为
需要加强的实习实践环节（多选）**

数据来源：麦可思 – 中国 2019 届大学毕业生培养质量跟踪评价。

167

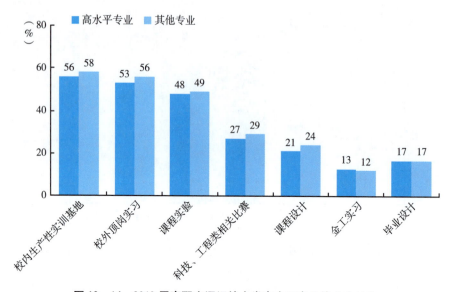

**图 12 – 14　2019 届高职交通运输大类高水平专业毕业生认为
需要加强的实习实践环节（多选）**

数据来源：麦可思 – 中国 2019 届大学毕业生培养质量跟踪评价。

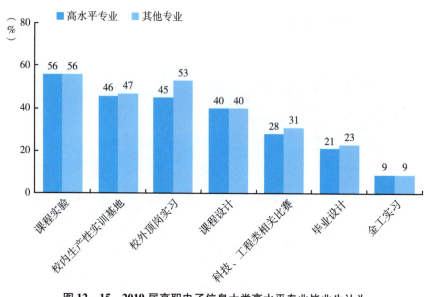

**图 12 – 15　2019 届高职电子信息大类高水平专业毕业生认为
需要加强的实习实践环节（多选）**

数据来源：麦可思 – 中国 2019 届大学毕业生培养质量跟踪评价。

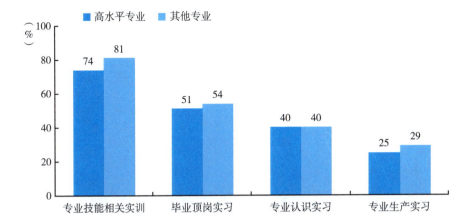

图 12 – 16　2019 届高职财经商贸大类高水平专业毕业生认为
需要加强的实习实践环节（多选）

数据来源：麦可思 – 中国 2019 届大学毕业生培养质量跟踪评价。

三　社会服务

（一）服务区域发展

人才贡献是高校服务社会的首要方式，不断优化高素质技术技能人才培养，以适应区域经济和产业发展需要，是高校提升服务发展水平的重要渠道。

服务区域发展是职业教育服务于经济社会的重要体现。从 2015 ~ 2019 届毕业生数据来看，高水平专业对区域的服务贡献相对更突出，毕业生在本地（即学校所在省份）就业的比例（71.6% ~ 73.4%）稳步提升，且整体高于其他专业毕业生（71.3% ~ 72.7%）（见图 12 – 17）。

（二）服务产业

服务高端产业和产业高端是"双高"建设的重要任务。工作与专业相关度能反映毕业生服务对口产业的情况，是梳理和明确专业群服务面向、调

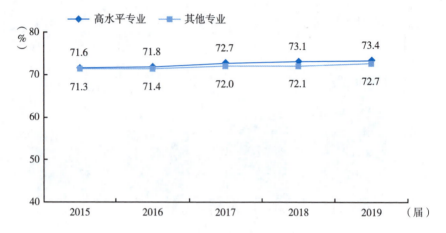

图 12 - 17　2015～2019 届高职高水平专业毕业生在本地就业比例变化趋势

数据来源：麦可思 - 中国 2015～2019 届大学毕业生培养质量跟踪评价。

整和完善人才培养定位与目标的重要参考依据。从 2015～2019 届毕业生的工作与专业相关度来看，高水平专业毕业生从事专业相关工作的比例在 68%～70%，比其他专业毕业生（57%～60%）高出 10 个百分点或以上（见图 12 - 18）。高水平专业毕业生服务于对口产业的比例更高，反映了高水平专业服务产业的实力。

图 12 - 18　2015～2019 届高职高水平专业毕业生的工作与专业相关度变化趋势

数据来源：麦可思 - 中国 2015～2019 届大学毕业生培养质量跟踪评价。

从主要专业大类来看,财经商贸大类高水平专业较其他专业的优势最为明显。2017~2019届财经商贸大类中高水平专业毕业生从事专业相关工作的比例(分别为64%、62%、63%),比其他专业毕业生(分别为46%、46%、48%)高出15个百分点或以上(见表12-7)。

表12-7 2017~2019届高职主要专业大类高水平专业毕业生的工作与专业相关度

单位:%

高职专业大类名称	专业类型	2019届	2018届	2017届
交通运输大类	高水平专业	79	77	77
	其他专业	66	68	67
财经商贸大类	高水平专业	63	62	64
	其他专业	48	46	46
装备制造大类	高水平专业	62	60	58
	其他专业	50	51	51
电子信息大类	高水平专业	53	54	54
	其他专业	51	51	51

数据来源:麦可思-中国2017~2019届大学毕业生培养质量跟踪评价。

进一步从主要专业大类对相关产业链、岗位群的服务贡献情况来看,高水平专业的服务贡献更为明显,毕业生在相关行业、职业的从业比例大多高于其他专业毕业生(见表12-8、表12-9)。

其中,装备制造大类主要面向制造业,是推动传统制造业转型升级和先进制造业发展的重要支撑。高水平专业毕业生对制造业转型升级和发展的服务贡献程度更高,就业于机械设备制造业、交通运输设备制造业的比例(分别为16.8%、16.3%)均高于其他专业毕业生(分别为13.3%、10.2%);同时毕业生从事工程技术相关岗位的比例也更高,从事机械/仪器仪表技术人员、机动车机械/电子技术人员的比例(分别为18.6%、13.3%)均高于其他专业毕业生(分别为16.6%、11.7%)。

交通运输大类的服务面向领域较广,既涵盖了基础设施建设(道路桥梁)、交通运输设备制造等第二产业,也涵盖了以交通运输服务为主的第三产业(现代服务业)。高水平专业毕业生对交通运输服务及设备制造领域的

表12－8　2017～2019届高职主要专业大类高水平专业毕业生就业的主要行业类

单位：%

高职专业大类名称	该专业大类主要就业的行业类名称	高水平专业	其他专业
装备制造大类	机械设备制造业	16.8	13.3
	交通运输设备制造业	16.3	10.2
	电子电气设备制造业(含计算机、通信、家电等)	13.0	14.7
交通运输大类	建筑业	35.8	39.1
	运输业	31.9	20.4
	交通运输设备制造业	10.6	9.1
电子信息大类	信息传输、软件和信息技术服务业	25.2	23.9
	电子电气设备制造业(含计算机、通信、家电等)	12.2	12.4
财经商贸大类	金融业	12.3	8.4
	零售业	11.3	12.1
	各类专业设计与咨询服务业	8.8	4.1

数据来源：麦可思－中国2017～2019届大学毕业生培养质量跟踪评价。

表12－9　2017～2019届高职主要专业大类高水平专业毕业生从事的主要职业类

单位：%

高职专业大类名称	该专业大类主要从事职业类名称	高水平专业	其他专业
装备制造大类	机械/仪器仪表	18.6	16.6
	机动车机械/电子	13.3	11.7
	电气/电子(不包括计算机)	12.3	13.1
交通运输大类	建筑工程	32.4	35.4
	交通运输/邮电	28.4	20.4
	机动车机械/电子	8.5	6.1
电子信息大类	计算机与数据处理	22.3	18.9
	互联网开发及应用	14.5	15.6
	电气/电子(不包括计算机)	9.4	8.5
财经商贸大类	财务/审计/税务/统计	17.1	10.5
	销售	15.8	16.1
	金融(银行/基金/证券/期货/理财)	9.9	6.6

数据来源：麦可思－中国2017～2019届大学毕业生培养质量跟踪评价。

服务贡献程度更高，就业于运输业、交通运输设备制造业的比例（分别为31.9%、10.6%）均高于其他专业毕业生（分别为20.4%、9.1%）；同时从事相关岗位（交通运输人员、机动车机械/电子技术人员）的比例（分别为 28.4%、8.5%）也高于其他专业毕业生（分别为 20.4%、6.1%）。

电子信息大类主要面向以新一代信息技术为主的战略性新兴产业。高水平专业毕业生对相关领域的服务贡献整体更高，就业于信息传输、软件和信息技术服务业的比例（25.2%）高于其他专业毕业生（23.9%）；同时从事相关岗位（计算机与数据处理人员、电气/电子技术人员）的比例（分别为 22.3%、9.4%）也高于其他专业毕业生（分别为 18.9%、8.5%）。

财经商贸大类主要面向金融、零售、专业设计/咨询等现代服务业。高水平专业毕业生对金融、专业设计/咨询领域的服务贡献程度更高，就业于金融业、各类专业设计与咨询服务业的比例（分别为 12.3%、8.8%）均高于其他专业毕业生（分别为 8.4%、4.1%）；同时从事相关岗位（财务/审计/税务/统计人员、金融服务人员）的比例（分别为 17.1%、9.9%）也高于其他专业毕业生（分别为 10.5%、6.6%）。

综上，高水平专业在技术技能人才培养、课程与教学、社会服务方面较其他专业均有一定优势，体现了"双高"建设在高等职业教育改革与发展过程中的示范引领作用。相关院校和专业可学习借鉴此类标杆，进一步梳理专业群与区域产业结构之间的对应关系，并依据相应产业链、岗位群的需求调整和完善自身培养体系，提升人才培养与产业需求的匹配程度，从而更好地服务对口产业。

参考文献

刘斌：《"双高计划"多维度提升高职教育发展质量》，《现代教育管理》2019 年第 6 期。

任占营：《高职院校专业群建设的变革意蕴探析》，《高等工程教育研究》2019 年第 6 期。

秦华伟、陈光：《"双高计划"实施背景下"三教"改革》，《中国职业技术教育》2019 年第 33 期。

B.13
高职师范类专业建设分析

摘　要： 幼儿与小学教育领域对高职毕业生的需求逐年增长，教育类专业需基于专业认证标准不断强化人才培养以顺应幼儿与小学教育领域发展对教师队伍的需求。本专题从社会对从教人员的需求入手，定位幼儿与小学教育领域需求量较大的教育类专业，分析毕业生在相关领域的职业发展以及对培养过程的反馈情况，发现幼教领域对从教人员需求增长明显，已逐渐超过小学教育领域，但从教人员的稳定性仍有待提高，需通过完善学生成长指导强化毕业生的从教情怀和意愿；部分面向小学教育领域的专业在课程体系方面未充分实现"双专业性"的融合，且实践环节也需要进一步完善。

关键词： 教育类专业　专业建设　社会需求　职业发展　培养过程

发展教育是提升国家竞争力的关键所在。近年来国家教育事业稳步发展，幼儿与小学教育领域对从教人员的需求不断上升。教育部统计数据显示，2015年全国幼儿与小学教育领域共有专任教师775万人，到2018年上升至868万人，增长幅度达12%。教育事业的发展离不开教师质量的提升。"十三五"期间国家致力于增加学前教育机会并进一步巩固提升义务教育普及成果，幼儿与小学教育领域对高素质教师的需求迫切。作为培养和输送幼儿与小学教育教师的重要来源，高职教育类专业需要基于师范类专业认证中"学生中心、产出导向、持续改进"的理念不断完善专业建设和人才培养工作，以顺应当前幼儿与小学教育领域发展对教师队伍的需求。本专题将从幼儿、小学教育领域对高职毕业生的需求入手，分析呈现相关专业从教毕业生的职业发展以及对培养过程的反馈情况，为教育类专业人才培养的持续改进提供参考。

一 社会对从教人员的需求

（一）幼教领域需求增长较为明显

随着国家教育改革的深化以及大众对子女教育投入的不断加大，社会对从教人员的需求逐年提升。整体来看，教育业是近年来高职毕业生就业量增长最大的行业，就业比例从 2015 届的 5.6% 上升到了 2019 届的 7.8%。其中，高职毕业生在小学教育机构就业的比例稳中有升，从 2015 届的 2.0%上升到了 2019 届的 2.4%；与此同时，受"二孩"政策落实等因素的影响，幼儿与学前教育机构对毕业生的需求上升较为明显，毕业生在该领域就业的比例从 2015 届的 1.6% 上升到了 2019 届的 2.5%，且在 2019 届已超过在小学教育机构就业的比例（见图 13 - 1）。

图 13 - 1　2015~2019 届高职毕业生在教育业就业的比例变化趋势

数据来源：麦可思 - 中国 2015~2019 届大学毕业生培养质量跟踪评价。

（二）幼儿与小学教育领域对应的主要专业

从在幼儿与小学教育领域就业的高职毕业生的专业构成来看，教育类专业占比最大，总计超过四成（44.8%），其中的主要专业包括面向幼教领域的学前教育专业（27.0%）以及面向小学教育领域的小学教育（6.9%）、英语教育（2.9%）、语文教育（2.6%）、数学教育（1.3%）等专业（见图 13-2）。上述专业是高职从教毕业生的构成主体，可持续重点关注其培养状况。

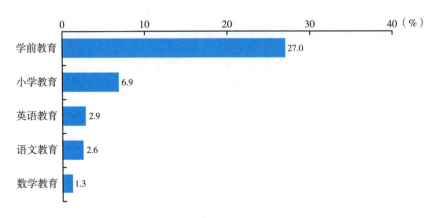

图 13-2　2017～2019 届高职毕业生在幼儿与小学教育领域就业量较大的专业

数据来源：麦可思-中国 2017～2019 届大学毕业生培养质量跟踪评价。

二　从教人员的职业发展

（一）教育类专业从教比例

毕业生从教比例是衡量教育类专业培养目标达成效果的重要依据。整体来看，高职教育类专业毕业生从教比例逐年提升，从 2015 届的 87.7% 持续上升至 2019 届的 89.7%。从主要专业来看，学前教育专业毕业生从教比例（92.6%）最高；数学教育、语文教育、英语教育专业毕业生从教比例（分别为 81.5%、83.9%、84.9%）相对较低，这三个专业主要面向小学教育领域，毕业生从教比例低说明其专业培养与实际就业领域需求之间依然存在不匹配的地方，未来需要持续改进和完善（见图 13 – 3、图 13 – 4）。

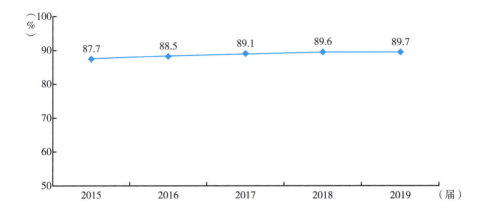

图 13 – 3 2015～2019 届高职教育类专业毕业生从教比例的变化趋势

数据来源：麦可思 – 中国 2015～2019 届大学毕业生培养质量跟踪评价。

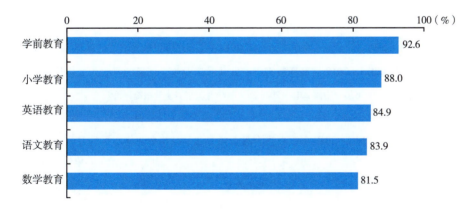

图 13 – 4 2017～2019 届高职主要教育类专业毕业生从教比例

数据来源：麦可思 – 中国 2017～2019 届大学毕业生培养质量跟踪评价。

（二）月收入

薪资水平是毕业生就业与发展质量的直观体现。从不同领域的薪资差异来看，小学教育机构的初始薪资水平相对较高，近五年平均高出幼儿与学前教育机构380元左右；毕业三年后的收入涨幅（小学教育机构63%，幼儿与学前教育机构62%）基本持平（见图13－5、图13－6）。从主要专业来看，面向学前教育领域的学前教育专业从教毕业生收入水平低于面向小学教育领域的数学教育、英语教育等专业（见表13－1）。可持续关注学前教育领域从教人员的薪资情况。

图 13－5 2015～2019 届高职教育类专业从教毕业生半年后的月收入变化趋势

数据来源：麦可思－中国 2015～2019 届大学毕业生培养质量跟踪评价。

表 13－1 2017～2019 届高职主要教育类专业从教毕业生半年后的月收入

单位：元

高职教育类专业名称	2019 届	2018 届	2017 届
数学教育	3701	3564	3376
英语教育	3618	3370	3194
语文教育	3559	3432	3289
小学教育	3349	3200	3008
学前教育	3233	3120	2915

数据来源：麦可思－中国 2017～2019 届大学毕业生培养质量跟踪评价。

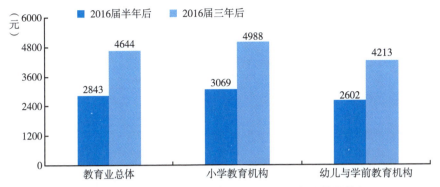

图 13 – 6 2016 届高职教育类专业毕业生三年后的月收入

数据来源：麦可思 – 中国 2016 届大学毕业生三年后职业发展跟踪评价，2016 届大学毕业生培养质量跟踪评价。

（三）就业满意度

除了薪资水平外，就业满意度也是衡量毕业生就业与发展质量的重要因素，是毕业生从业幸福感的体现。通过对比可以发现，教育类专业毕业生在小学教育机构的幸福感更强，近五年平均高出幼儿与学前教育机构 2 个百分点左右（见图 13 –7）。收入是影响毕业生从业幸福感的重要因素，在幼儿与学前教育机构就业的毕业生因感到收入低而对现状产生不满的比例（85%）明显高于在小学教育机构就业的毕业生（70%）（见图 13 –8）。

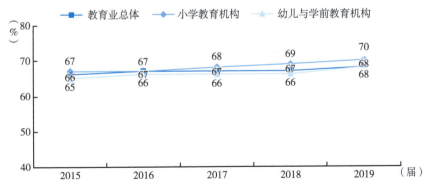

图 13 –7 2015～2019 届高职教育类专业从教毕业生半年后的就业满意度变化趋势

数据来源：麦可思 – 中国 2015～2019 届大学毕业生培养质量跟踪评价。

表13-2 2017~2019届高职主要教育类专业从教毕业生半年后的就业满意度

单位：%

高职教育类专业名称	2019届	2018届	2017届
数学教育	72	70	69
英语教育	71	70	70
小学教育	70	69	67
学前教育	68	67	67
语文教育	66	66	65

数据来源：麦可思－中国2017~2019届大学毕业生培养质量跟踪评价。

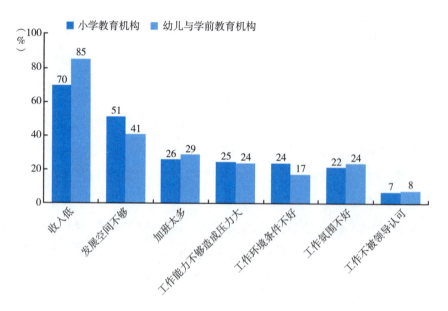

图13-8 2019届高职教育类专业从教毕业生对就业现状不满意的原因

数据来源：麦可思－中国2019届大学毕业生培养质量跟踪评价。

（四）职称达成

职称达成情况是衡量从教毕业生发展空间的重要因素。由于公办教育机构的职称体系相对较为完善，因此职称达成情况主要关注在公办小学及幼儿园就业的毕业生。数据显示，高职教育类专业在公办小学就业的毕业生职称达成情况相对较好，毕业三年后有 54% 获得了二级或三级教师职称，该比例高于在公办幼儿园就业的毕业生（46%）（见图 13 – 9）。

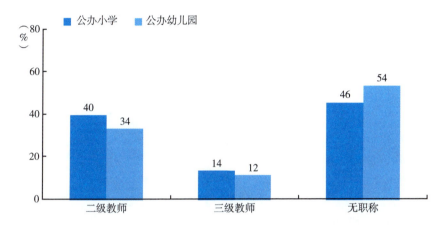

图 13 – 9　2016 届高职教育类专业毕业生毕业三年后在公办教育机构的职称达成

数据来源：麦可思 – 中国 2016 届大学毕业生三年后职业发展跟踪评价。

（五）从教意愿

毕业生的从教意愿反映了其对教师职业及教育事业的认同感，是确保教师队伍稳定和发展的重要前提。整体来看，高职教育类专业毕业生从教意愿较强，毕业三年后从教比例（85.0%）依然保持在八成以上，与毕业半年后（88.5%）相比下降较少。

进一步从不同领域来看，在小学教育机构、幼儿与学前教育机构从教的毕业生整体稳定性均较强，从教意愿均较高，毕业三年后大多数（分别占97.7%、96.0%）依然留在教育领域。当然值得注意的是，毕业半年后在小学教育机构就业的毕业生三年后有近九成（90.6%）依然留在小学教育领域，而在幼儿与学前教育机构就业的毕业生三年后有 15.2% 流向其他教育领域（见表 13 – 3）。这说明在幼教领域就业毕业生的稳定性依然不够，且在职称达成方面的不足也在一定程度上影响了其长期从教的意愿，这不利于学前教育的可持续发展，后续有待进一步关注和完善。

表13-3　2016届高职教育类专业半年后从教毕业生毕业三年后的就业领域

单位：%

半年后就业领域	三年后就业领域	就业比例
小学教育机构	教育业	97.7
	其中:小学教育机构	90.6
	幼儿与学前教育机构	4.7
	其他教辅及培训机构	2.4
	非教育业	2.3
幼儿与学前教育机构	教育业	96.0
	其中:幼儿与学前教育机构	80.8
	小学教育机构	8.0
	其他教辅及培训机构	7.2
	非教育业	4.0

数据来源：麦可思－中国2016届大学毕业生三年后职业发展跟踪评价，2016届大学毕业生培养质量跟踪评价。

三　教育类专业的培养过程

（一）课程建设

课程是促进学生能力达成的基本单元，合理的课程体系是实现培养目标的重要载体与手段。课程重要度与课程满足度分别反映了专业核心课程设置的合理性与授课效果，从教育类专业从教毕业生对核心课程的评价来看，整体课程设置与授课效果均较好，2019届毕业生对课程的重要度、满足度评价分别为97%、90%。从主要专业来看，数学教育专业毕业生对课程的重要度、满足度评价（分别为88%、84%）均较低（见图13-10、图13-11）。

数学教育等面向小学某一特定学科教学领域的专业具有较为独特的学科专业与教育专业相结合的"双专业性"，这要求毕业生能够整合与构建学科内容、教学法等不同成分的知识并有效运用于日常教育教学工作当中。而当

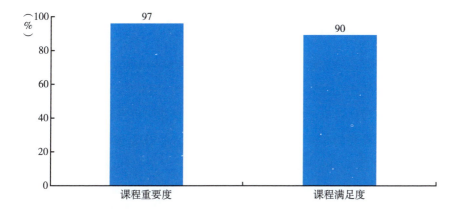

图 13 – 10　2019 届高职教育类专业从教毕业生对核心课程的重要度和满足度评价

数据来源：麦可思 – 中国 2019 届大学毕业生培养质量跟踪评价。

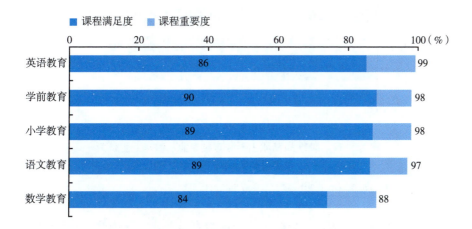

图 13 – 11　2019 届高职主要教育类专业从教毕业生对核心课程的
重要度和满足度评价

数据来源：麦可思 – 中国 2019 届大学毕业生培养质量跟踪评价。

前数学教育专业的课程体系往往仍过分强调数学学科专业知识，对教师教育类课程的涉及相对较少，课程设置及教学内容不能充分满足小学数学教育的要求。对此，相关院校和专业可基于教师能力结构进一步补充和完善课程体系，增加教育相关课程模块，帮助学生更好地整合不同成分的知识，从而为其从教奠定良好基础。

（二）实践教学

教育类专业在培养学生"教什么"层面的学科专业知识的同时，也需要让学生具备"怎么教"层面的教育实践智慧，因此实践教学需要与理论教学并重。通过从教毕业生对培养过程的改进需求可以发现，实践教学是其改进需求程度较高的方面，教育类专业从教毕业生认为实习和实践环节不够的比例（2019 届 62%）超过六成（见图 13 – 12）。

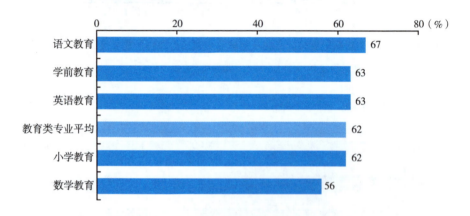

**图 13 – 12　2019 届高职主要教育类专业从教毕业生认为
"实习和实践环节不够"的比例**

数据来源：麦可思 – 中国 2019 届大学毕业生培养质量跟踪评价。

上述情况在一定程度上反映出，当前教育类专业培养依然过于强调专业知识理论性和系统性，而对学生教学技能的培养力度仍相对不足。从主要专业来看，语文教育专业从教毕业生对实践教学的改进需求（2019 届 67%）较为突出。对此，相关院校和专业需进一步完善实践教学体系，将实践教学与其他教育环节有机衔接，从而更好地促进从教毕业生相关实践能力的提升。

（三）成长指导

在完善课程教学与实践教学的同时，成长指导对于落实毕业要求、促进学生全面发展也至关重要，需要持续关注和改进。职业规划辅导是成长指导的重要组成部分，对于帮助学生建立从教情怀、引导学生长期从教具有不可替代的作用。整体来看，教育类专业职业规划辅导开展效果较好，2019届覆盖面达40%，高于全国高职平均水平（2019届37%）；同时认为其有效的比例（2019届83%）也高于全国高职平均水平（2019届79%）（见图13−13）。

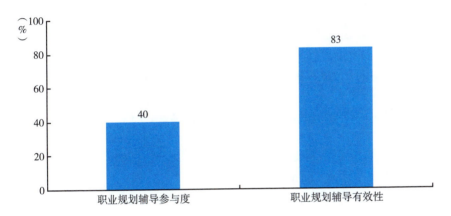

图13−13　2019届高职教育类专业从教毕业生对职业规划辅导的参与度和有效性评价

数据来源：麦可思−中国2019届大学毕业生培养质量跟踪评价。

从主要专业来看，小学教育专业从教毕业生接受过职业规划辅导的比例（2019届47%）较高，数学教育、学前教育专业（2019届分别为37%、38%）较低；同时数学教育职业规划辅导的开展效果（2019届73%）也有待进一步提升（见图13−14）。相关院校和专业可有针对性地加以改进。

（四）能力达成

毕业生的能力达成是其实现高质量就业与发展的前提，高素质教师培养离不开包括能力在内的毕业要求支撑。整体来看，教育类专业从教毕业生在指导他人、有效的口头沟通这两方面达成效果仍有不足，毕业时掌握水平（2019届分别为54%、53%）与其他能力相比仍偏低。从主要专业来看，

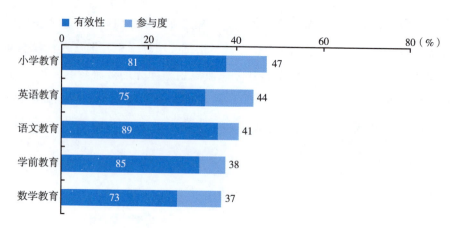

**图 13 – 14　2019 届高职主要教育类专业从教毕业生对职业规划辅导的
参与度和有效性评价**

数据来源：麦可思 – 中国 2019 届大学毕业生培养质量跟踪评价。

数学教育从教毕业生对这两项能力的掌握水平（2019 届分别为 52%、
51%）均较低（见图 13 – 15、表 13 – 4）。

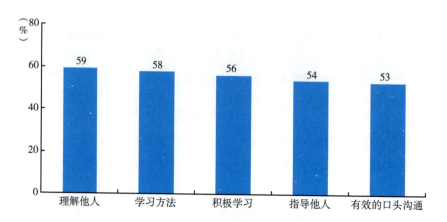

**图 13 – 15　2019 届高职主要教育类专业从教毕业生认为
工作中重要度较高能力的掌握水平**

数据来源：麦可思 – 中国 2019 届大学毕业生培养质量跟踪评价。

　　指导他人是从教人员教学能力的重要体现，是其胜任教师工作的基础；
有效的口头沟通是从教人员沟通合作能力的重要体现，对其个人职业发展具

表 13 − 4　2019 届高职主要教育类专业从教毕业生指导他人、
有效的口头沟通能力的掌握水平

单位：%

高职教育类专业名称	指导他人	有效的口头沟通
小学教育	56	53
语文教育	55	54
学前教育	54	53
英语教育	54	52
数学教育	52	51

数据来源：麦可思－中国 2019 届大学毕业生培养质量跟踪评价。

有重要影响。而实践教学环节是培养和提升学生上述能力的关键途径。对此，相关院校和专业需通过完善相应实践环节以更好地促进学生教学能力以及沟通合作能力的提升，从而为其在教育领域的长期发展奠定坚实基础。

参考文献

教育部印发《普通高等学校师范类专业认证实施办法（暂行）》，《中国高等教育评估》2017 年第 4 期。

李森、刘梅珍、崔友兴：《专业认证背景下高校师范类专业建设理路》，《重庆高教研究》2019 年第 6 期。

附　　录

Appendix

B.14
技术报告

一　数据介绍

（一）评价覆盖面

2020 年度麦可思 - 全国大学毕业生跟踪评价分为以下三类。

1. 2019 届大学生毕业半年后培养质量的跟踪评价，于 2020 年 3 月初完成，全国高职生样本为 14.8 万。覆盖了 574 个高职专业，覆盖了全国 30 个省、自治区和直辖市，覆盖了高职毕业生从事的 552 个职业、328 个行业。

2. 麦可思曾对 2016 届大学毕业生进行毕业半年后培养质量的跟踪评价（2017 年初完成，全国高职生样本约 14.2 万）[①]，2019 年底对此全国样本进行了三年后的再次跟踪评价，全国高职生样本约 3.1 万。覆盖了 599 个高职专业，覆盖了全国 30 个省、自治区和直辖市，覆盖了高职毕业生从事的

---

① 麦可思研究院编著《2017 年中国高职高专生就业报告》，社会科学文献出版社，2017。

595 个职业、322 个行业。

3. 麦可思曾对 2014 届大学毕业生进行毕业半年后、三年后的跟踪评价，2019 年底对此全国样本进行了五年后的第三次跟踪评价，旨在通过更长的时间跨度观察毕业生的发展变化，全国高职生样本约 1.4 万。覆盖了全国 30 个省、自治区和直辖市。

（二）评价对象

毕业半年后（2019 届）、三年后（2016 届）和五年后（2014 届）的高职毕业生，包括高职院校、本科院校的专科毕业生，不包括成人高等教育、军事院校和港澳台院校的毕业生。

（三）评价方式

答题通过电子问卷客户端实现，三类评价的问卷不同。答卷人回答问卷，答题时间为 10～30 分钟。

二 研究概况

（一）研究目的

1. 了解高职毕业生的就业状态及就业质量，发现满足社会需求方面存在的问题。

2. 了解高职毕业生的自主创业、升本以及未就业的状况。

3. 了解高职毕业生的行业职业变迁、晋升、薪资增长情况。

4. 了解高职毕业生对母校的满意程度以及反馈。

（二）研究样本

本研究需提醒读者注意以下几点：

1. 答题通过电子问卷客户端实现，未被邀请的答题被视为无效。

2. 本研究对答题和未答题的样本进行了检验，没有发现存在自我选择

性样本偏差问题（Self-selection Bias）①

3. 对于样本中与实际比例的明显差异可能带来的统计误差，本研究采用权数加以修正（即对回收的全国总样本，基于学历、地区、院校类型、专业的实际分布比例进行再抽样）。再抽样后的样本分布与实际分布见表1至表6，大学毕业生的实际分布比例来自中华人民共和国教育部网站。

表1 2019届各经济区域高职毕业生样本人数分布与实际人数分布对比

单位：%

各经济区域	2019届高职样本人数比例	2019届高职毕业生实际人数比例
泛渤海湾区域经济体	20.2	20.0
泛长江三角洲区域经济体	19.0	19.0
中原区域经济体	19.0	18.9
泛珠江三角洲区域经济体	14.8	14.6
西南区域经济体	13.9	13.8
陕甘宁青区域经济体	5.8	5.9
东北区域经济体	5.7	6.3
西部生态经济区	1.6	1.5

数据来源：麦可思－中国2019届大学毕业生培养质量跟踪评价，中华人民共和国教育部。

表2 2019届各省份高职毕业生样本人数分布与实际人数分布对比

单位：%

省份	2019届高职样本人数比例	2019届高职毕业生实际人数比例	省份	2019届高职样本人数比例	2019届高职毕业生实际人数比例
安 徽	5.0	4.3	广 东	7.8	7.7
北 京	<1.0	0.7	广 西	3.9	3.9
福 建	2.3	2.3	贵 州	3.5	3.1
甘 肃	1.6	1.6	海 南	<1.0	0.7

---

① **自我选择性样本偏差问题**：是指评价中存在某类群体选择答题的概率和其他群体有明显不同。例如，可能存在就业的毕业生更容易选择参与答题，而没有就业的学生可能不愿意参加答题等。

续表

省份	2019 届高职样本 人数比例	2019 届高职毕业生 实际人数比例	省份	2019 届高职样本 人数比例	2019 届高职毕业生 实际人数比例
河 北	7.1	5.1	山 东	4.4	8.5
河 南	8.6	8.6	山 西	3.4	2.4
黑龙江	<1.0	2.1	陕 西	3.6	3.6
湖 北	5.2	5.2	上 海	1.3	1.3
湖 南	5.2	5.1	四 川	6.4	5.7
吉 林	4.1	1.6	天 津	2.2	1.6
江 苏	6.3	5.4	西 藏	<1.0	0.1
江 西	2.3	4.7	新 疆	1.6	1.4
辽 宁	1.4	2.6	云 南	2.6	2.3
内蒙古	2.4	1.7	浙 江	4.1	3.3
宁 夏	<1.0	0.4	重 庆	1.4	2.7
青 海	<1.0	0.3			

注：表中样本人数比例小于 1.0% 的数值均用 "<1.0" 表示，下同。
数据来源：麦可思－中国 2019 届大学毕业生培养质量跟踪评价，中华人民共和国教育部。

表3　2019 届各专业大类高职毕业生样本人数分布与实际人数分布对比

单位：%

高职专业大类	2019 届高职样本人数比例	2019 届高职毕业生实际人数比例
财经商贸大类	21.3	21.2
医药卫生大类	11.9	12.4
电子信息大类	11.9	11.9
装备制造大类	11.5	11.5
教育与体育大类	9.0	10.2
土木建筑大类	8.6	7.8
交通运输大类	6.8	6.1
文化艺术大类	4.5	4.8
旅游大类	3.2	3.4
农林牧渔大类	2.3	1.7
食品药品与粮食大类	1.9	1.6
资源环境与安全大类	1.5	1.2
能源动力与材料大类	1.4	1.1
生物与化工大类	1.2	0.9
公共管理与服务大类	<1.0	1.0
新闻传播大类	<1.0	0.9
公安与司法大类	<1.0	1.4
水利大类	<1.0	0.4
轻工纺织大类	<1.0	0.5

数据来源：麦可思－中国 2019 届大学毕业生培养质量跟踪评价，中华人民共和国教育部。

表4　2016届各经济区域高职毕业生三年后样本人数分布与实际人数分布对比

单位：%

各经济区域	2016届高职毕业三年后样本人数比例	2016届高职毕业生实际人数比例
泛渤海湾区域经济体	20.5	21.1
泛长江三角洲区域经济体	20.1	21.4
中原区域经济体	17.9	17.5
泛珠江三角洲区域经济体	15.7	14.3
西南区域经济体	11.8	11.4
东北区域经济体	6.5	6.7
陕甘宁青区域经济体	6.2	6.3
西部生态经济区	1.3	1.3

数据来源：麦可思－中国2016届大学毕业生三年后职业发展跟踪评价，中华人民共和国教育部。

表5　2016届各省份高职毕业生三年后样本人数分布与实际人数分布对比

单位：%

省份	2016届高职毕业三年后样本人数比例	2016届高职毕业生实际人数比例	省份	2016届高职毕业三年后样本人数比例	2016届高职毕业生实际人数比例
安　徽	4.6	4.9	辽　宁	3.7	3.0
北　京	1.2	1.1	内蒙古	1.0	1.7
福　建	3.1	2.6	宁　夏	<1.0	0.4
甘　肃	1.9	1.5	青　海	<1.0	0.2
广　东	8.8	7.8	山　东	8.7	8.3
广　西	3.3	3.2	山　西	2.5	3.0
贵　州	1.1	1.6	陕　西	3.4	4.2
海　南	<1.0	0.7	上　海	1.7	1.4
河　北	5.4	5.2	四　川	5.8	5.4
河　南	5.0	7.4	天　津	1.7	1.8
黑龙江	1.7	2.2	西　藏	<1.0	0.1
湖　北	6.9	5.4	新　疆	1.3	1.2
湖　南	6.0	4.7	云　南	2.3	2.0
吉　林	1.1	1.5	浙　江	4.4	3.8
江　苏	6.8	7.2	重　庆	2.7	2.4
江　西	2.7	4.1			

数据来源：麦可思－中国2016届大学毕业生三年后职业发展跟踪评价，中华人民共和国教育部。

表6 2016届各专业大类高职毕业生三年后样本人数分布与实际人数分布对比

单位：%

高职专业大类	2016届高职毕业三年后样本人数比例	2016届高职毕业生实际人数比例
财经商贸大类	22.4	21.7
土木建筑大类	12.8	11.6
装备制造大类	11.8	11.7
电子信息大类	9.5	8.6
医药卫生大类	7.7	11.3
教育与体育大类	6.0	10.7
交通运输大类	4.9	4.6
文化艺术大类	4.1	5.0
旅游大类	3.1	3.1
农林牧渔大类	3.0	1.7
资源环境与安全大类	3.0	1.8
生物与化工大类	2.5	1.3
能源动力与材料大类	2.5	1.2
食品药品与粮食大类	2.3	1.5
公共管理与服务大类	1.5	0.9
水利大类	1.2	0.4
新闻传播大类	<1.0	0.9
轻工纺织大类	<1.0	0.5
公安与司法大类	<1.0	1.5

数据来源：麦可思－中国2016届大学毕业生三年后职业发展跟踪评价，中华人民共和国教育部。

致 谢

　　《2020 年中国高职生就业报告》是麦可思第十二年出版的就业蓝皮书，报告进一步对内容、结构、体例做出完善。以数据和图表来呈现分析结果，读者可以从自己的专业角度对某一数据或图表背后的因果关系进行深度解读。

　　特别感谢帮助完善本年度报告的高等教育管理者和研究者，在此不一一具名。报告中所有的错误由作者唯一负责。感谢读者阅读本报告。限于篇幅，报告仅提供部分数据，如需了解更详细的内容，请联系作者（research @ mycos. com）。

社会科学文献出版社

皮 书

智库报告的主要形式
同一主题智库报告的聚合

❈ 皮书定义 ❈

皮书是对中国与世界发展状况和热点问题进行年度监测，以专业的角度、专家的视野和实证研究方法，针对某一领域或区域现状与发展态势展开分析和预测，具备前沿性、原创性、实证性、连续性、时效性等特点的公开出版物，由一系列权威研究报告组成。

❈ 皮书作者 ❈

皮书系列报告作者以国内外一流研究机构、知名高校等重点智库的研究人员为主，多为相关领域一流专家学者，他们的观点代表了当下学界对中国与世界的现实和未来最高水平的解读与分析。截至 2020 年，皮书研创机构有近千家，报告作者累计超过 7 万人。

❈ 皮书荣誉 ❈

皮书系列已成为社会科学文献出版社的著名图书品牌和中国社会科学院的知名学术品牌。2016 年皮书系列正式列入"十三五"国家重点出版规划项目；2013~2020 年，重点皮书列入中国社会科学院承担的国家哲学社会科学创新工程项目。

中国皮书网

（网址：www.pishu.cn）

发布皮书研创资讯，传播皮书精彩内容
引领皮书出版潮流，打造皮书服务平台

栏目设置

◆关于皮书

何谓皮书、皮书分类、皮书大事记、
皮书荣誉、皮书出版第一人、皮书编辑部

◆最新资讯

通知公告、新闻动态、媒体聚焦、
网站专题、视频直播、下载专区

◆皮书研创

皮书规范、皮书选题、皮书出版、
皮书研究、研创团队

◆皮书评奖评价

指标体系、皮书评价、皮书评奖

◆互动专区

皮书说、社科数托邦、皮书微博、留言板

所获荣誉

◆ 2008年、2011年、2014年，中国皮书
网均在全国新闻出版业网站荣誉评选中
获得"最具商业价值网站"称号；

◆ 2012年，获得"出版业网站百强"称号。

网库合一

2014年，中国皮书网与皮书数据库端口
合一，实现资源共享。

权威报告·一手数据·特色资源

皮书数据库
ANNUAL REPORT(YEARBOOK)
DATABASE

分析解读当下中国发展变迁的高端智库平台

所获荣誉

- 2019年，入围国家新闻出版署数字出版精品遴选推荐计划项目
- 2016年，入选"'十三五'国家重点电子出版物出版规划骨干工程"
- 2015年，荣获"搜索中国正能量 点赞2015""创新中国科技创新奖"
- 2013年，荣获"中国出版政府奖·网络出版物奖"提名奖
- 连续多年荣获中国数字出版博览会"数字出版·优秀品牌"奖

成为会员

通过网址www.pishu.com.cn访问皮书数据库网站或下载皮书数据库APP，进行手机号码验证或邮箱验证即可成为皮书数据库会员。

会员福利

- 已注册用户购书后可免费获赠100元皮书数据库充值卡。刮开充值卡涂层获取充值密码，登录并进入"会员中心"—"在线充值"—"充值卡充值"，充值成功即可购买和查看数据库内容。
- 会员福利最终解释权归社会科学文献出版社所有。

数据库服务热线：400-008-6695
数据库服务QQ：2475522410
数据库服务邮箱：database@ssap.cn
图书销售热线：010-59367070/7028
图书服务QQ：1265056568
图书服务邮箱：duzhe@ssap.cn

社会科学文献出版社 皮书系列
SOCIAL SCIENCES ACADEMIC PRESS (CHINA)

卡号：227678566539
密码：

S 基本子库
SUB DATABASE

中国社会发展数据库（下设 12 个子库）

整合国内外中国社会发展研究成果，汇聚独家统计数据、深度分析报告，涉及社会、人口、政治、教育、法律等 12 个领域，为了解中国社会发展动态、跟踪社会核心热点、分析社会发展趋势提供一站式资源搜索和数据服务。

中国经济发展数据库（下设 12 个子库）

围绕国内外中国经济发展主题研究报告、学术资讯、基础数据等资料构建，内容涵盖宏观经济、农业经济、工业经济、产业经济等 12 个重点经济领域，为实时掌控经济运行态势、把握经济发展规律、洞察经济形势、进行经济决策提供参考和依据。

中国行业发展数据库（下设 17 个子库）

以中国国民经济行业分类为依据，覆盖金融业、旅游、医疗卫生、交通运输、能源矿产等 100 多个行业，跟踪分析国民经济相关行业市场运行状况和政策导向，汇集行业发展前沿资讯，为投资、从业及各种经济决策提供理论基础和实践指导。

中国区域发展数据库（下设 6 个子库）

对中国特定区域内的经济、社会、文化等领域现状与发展情况进行深度分析和预测，研究层级至县及县以下行政区，涉及地区、区域经济体、城市、农村等不同维度，为地方经济社会宏观态势研究、发展经验研究、案例分析提供数据服务。

中国文化传媒数据库（下设 18 个子库）

汇聚文化传媒领域专家观点、热点资讯，梳理国内外中国文化发展相关学术研究成果、一手统计数据，涵盖文化产业、新闻传播、电影娱乐、文学艺术、群众文化等 18 个重点研究领域。为文化传媒研究提供相关数据、研究报告和综合分析服务。

世界经济与国际关系数据库（下设 6 个子库）

立足"皮书系列"世界经济、国际关系相关学术资源，整合世界经济、国际政治、世界文化与科技、全球性问题、国际组织与国际法、区域研究 6 大领域研究成果，为世界经济与国际关系研究提供全方位数据分析，为决策和形势研判提供参考。

法律声明

"皮书系列"（含蓝皮书、绿皮书、黄皮书）之品牌由社会科学文献出版社最早使用并持续至今，现已被中国图书市场所熟知。"皮书系列"的相关商标已在中华人民共和国国家工商行政管理总局商标局注册，如 LOGO（▧）、皮书、Pishu、经济蓝皮书、社会蓝皮书等。"皮书系列"图书的注册商标专用权及封面设计、版式设计的著作权均为社会科学文献出版社所有。未经社会科学文献出版社书面授权许可，任何使用与"皮书系列"图书注册商标、封面设计、版式设计相同或者近似的文字、图形或其组合的行为均系侵权行为。

经作者授权，本书的专有出版权及信息网络传播权等为社会科学文献出版社享有。未经社会科学文献出版社书面授权许可，任何就本书内容的复制、发行或以数字形式进行网络传播的行为均系侵权行为。

社会科学文献出版社将通过法律途径追究上述侵权行为的法律责任，维护自身合法权益。

欢迎社会各界人士对侵犯社会科学文献出版社上述权利的侵权行为进行举报。电话：010-59367121，电子邮箱：fawubu@ssap.cn。

社会科学文献出版社